广东全域土地综合整治
实践与探索

广东省自然资源厅　编

广东省地图出版社
·广州·

图书在版编目（CIP）数据

广东全域土地综合整治实践与探索 / 广东省自然资源厅编. —广州：广东省地图出版社，2024.5
ISBN 978-7-80721-951-4

Ⅰ．①广… Ⅱ．①广… Ⅲ．①土地整理—研究—广东 Ⅳ．①F321.1

中国国家版本馆 CIP 数据核字（2024）第 103717 号

责任编辑：钟睿祺
责任校对：黄绮玲
地图编制：张晓茵
排版设计：余春吟
封面设计：李臻颖

广东全域土地综合整治实践与探索
Guangdong Quanyu Tudi Zonghe Zhengzhi Shijian Yu Tansuo
广东省自然资源厅　编

出 版 人	李希希			
出　　版	广东省地图出版社	电　　话	020-87768354（发行部）
地　　址	广州市水荫路 35 号	印　　刷	珠海市豪迈实业有限公司
邮　　编	510075	字　　数	200 千字
开　　本	787 毫米 ×1092 毫米　1/16	版　　次	2024 年 5 月第 1 版
印　　张	13.5	印　　次	2024 年 7 月第 2 次印刷
书　　号	ISBN 978-7-80721-951-4	定　　价	76.00 元
审 图 号	粤 S（2024）069 号		

本书如有印装质量问题，请与我社发行部联系调换。

版权（含信息网络传播权）所有　侵权必究

《广东全域土地综合整治实践与探索》编委会

主任：胡建斌

成员：余云州　屈家树　洪伟东
　　　龚晓晖　朱国鸣　胡嘉晖
　　　王祖华　康晋斌

《广东全域土地综合整治实践与探索》编写组

主编：屈家树

成员：柯小兵　黄华坤　王世福
　　　梁雄伟　车　乐　李　志
　　　王儒密

以全域土地综合整治推进高质量发展的广东实践与思考
（代序）[1]

屈家树

2023年，习近平总书记视察广东省时，赋予广东省"在推进中国式现代化建设中走在前列"的总定位、总目标，要求推进中国式现代化必须全面推进乡村振兴，解决好城乡区域发展不平衡的问题。全域土地综合整治因其"内涵综合、目标综合、手段综合、效益综合"的特征，成为自然资源主管部门落实党的二十大精神、履行"两统一"职责的平台抓手，是推进中国式现代化国土空间治理的实践创新。因此，广东省应以全域土地综合整治为手段和工具，贯彻落实广东省委"锚定一个目标，激活三大动力，奋力实现十大新突破"的"1310"具体部署，挖掘潜在的建设空间、资源空间、市场空间、承载力空间，增加经济纵深，促进百县千镇万村高质量发展，为广东省打造新发展格局、实现"走在前列"的总目标提供重要保障。

一、全域土地综合整治推进广东省高质量发展的重大意义

习近平总书记关于"新质生产力"的提出和阐释，为广东省增强发展新动能、构筑经济发展新引擎、塑造高质量发展新优势提供了重要指引。与新质生产力区别于传统生产力一样，全域土地综合整治区别于传统资源要素投入推动经济增长，是与当前社会经济发展规律高度契合、通过优化人地关系加快高质量发展、推进人与自然和谐共生的系统工程。

1. 全域土地综合整治是破解部分地区"四化"问题的重要抓手

一是破解空间布局无序化问题。珠三角核心区域国土开发强度接近或超出资源环境承载能力，而粤东、粤西、粤北地区国土开发强度不足珠三角地

---

[1] 屈家树. 以全域土地综合整治推进高质量发展的广东实践与思考[J]. 中国土地，2023（10）：20-24.

区的一半。近年来，全省农村人口逐年下降，但农村建设用地总量却保持增长态势，农村"空心村"现象较为突出。以上均为空间布局无序化、空间要素资源错配的体现，需要以全域土地综合整治作为抓手，促进土地资源要素流动，促进自然资源资产高效配置，优化全省城镇、农业、生态空间布局。

二是破解耕地碎片化问题。广东省地形以山地、丘陵为主，耕地后备资源不足，降水多但水资源时空分布不均。在工业化、城镇化快速发展过程中，其耕地面积不断减少，耕地"破碎化"程度加剧，严重影响耕地集中连片保护和规模耕作，也给重大项目落地和土地成片开发带来困难。全域土地综合整治以耕地"数量有增加、质量有提升、生态有改善、布局更集中"为目标，统筹推进高标准农田建设、垦造水田、恢复耕地等项目，推动耕地集中连片整治，逐步解决耕地碎片化问题。

三是破解土地利用低效化问题。珠三角村镇工业集聚区大量存在，占地面积近150万亩，但工业增加值占比仅为2%；广大农村地区用地粗放，"人减地增"，全省村庄建设用地面积高达1200多万亩，约占全省建设用地总量的39%。全域土地综合整治通过盘活存量低效用地，腾挪建设发展空间，可为传统产业转型升级、优质项目落地提供充足的土地保障，为"制造业当家"提供用地要素保障。

四是破解生态功能退化问题。广东省是我国生态保护和社会经济发展关系最复杂的区域之一。其沿海防护林遭受破坏，约1/5的海岸线不同程度地被侵蚀；全省水土流失面积1.76万平方千米，局部水土流失情况严峻；局部地区石漠化问题突出，全省石漠化面积约450平方千米；矿山开采造成地质灾害隐患、土地资源占用与破坏等问题。全域土地综合整治通过开展矿山治理、流域治理、城乡绿化美化等生态保护修复工作，可有效解决生态功能退化问题，促进生态品质和生物多样性保护水平提升，助推"绿美广东生态建设"深入实施，打造人与自然和谐共生现代化的广东样本。

2. 全域土地综合整治能有效破解区域发展不平衡问题

城乡区域发展不平衡是广东的基本省情，珠三角9个地市占全省经济总量约80%，而粤东、粤西、粤北地区12个地市仅占约20%。从县域经济来看，全省有 57 个县或县级市的县域面积占全省面积的 71.7%，县域常住人口占全省的 28%，但县域地区生产总值仅占全省地区生产总值的 12.5%。

3. 广东省开展全域土地综合整治基础牢固、成效初显

一是推进农用地整理有基础。2008—2012 年，广东省通过开发低效园地和山坡地方式补充耕地，有力破解了耕地占补平衡难题。2017 年以来，全省开创性推进垦造水田，有效保障 200 多个重大项目的水田占补平衡。同时，建立利益平衡机制，交易水田指标超过 10 万亩，增加各级财政收入超过 400 亿元。

二是推进建设用地整理有基础。珠三角地区深入实施"三旧"改造，2008 年以来累计节约土地 28.5 万亩；开展村镇工业集聚区升级改造攻坚行动，2020 年以来累计完成改造面积 2.7 万亩。粤东、粤西、粤北地区深入推进农村拆旧复垦，2018 年以来累计完成 15.3 万亩，成交额 455.4 亿元。这些措施有力支撑了广东城乡建设发展需求，有效增加了各级财政收入。

三是推进生态保护修复工作有基础。广东省先后印发实施《广东省国土空间生态修复规划（2021—2035 年）》《广东省重要生态系统保护和修复重大工程总体规划（2021—2035 年）》。2019 年以来，全省投入国家和省专项资金超过 76 亿元，累计完成红树林营造修复 5.3 万亩、海岸线修复 45.2 千米、历史遗留矿山生态修复 1.9 万亩。

四是推进试点工作有支撑。立足省情，广东省谋划推动了 21 个国家级和 21 个省级全域土地综合整治试点，并取得初步成效。目前，42 个试点计划总投资 1269 亿元，已完成投资 347 亿元，并初步形成可复制、可推广的全域土地综合整治经验方案。

二、"百千万工程"赋予全域土地综合整治的重要使命

2022 年 12 月，《中共广东省委关于实施"百县千镇万村高质量发展工程"促进城乡区域协调发展的决定》提出，开展城乡土地综合整治，推进城乡建设用地增减挂钩，满足县镇扩容提质空间需求。笔者认为，做好全域土地综合整治，须围绕落实规划、腾挪空间、增加耕地、优化生态、增强活力五大重点，以国土空间规划为引领，推动城乡区域协调发展向着更高水平和更高质量迈进。

1. 落实规划，加强与国土空间规划有效衔接，发挥规划引领作用

县级层面要坚持突出全域设计、统筹谋划、向下指导的作用，既要编好国土空间总体规划，又要指导好镇级国土空间总体规划和详细规划。镇级层面关键在于提升规划精度，深化镇国土空间总体规划深度，有条件的地方可探索镇村联动编制的方法，明确镇域土地资源的数量、布局和功能。村级层面要将核心放在做好农村建设用地管理上，管好用好农村宅基地、留用地、产业用地。

2. 腾挪空间，开展用地整理，推动生产、生活和生态空间格局优化

县级层面要系统推进农用地整理、建设用地整理、生态保护修复，以及乡村历史文化保护与风貌提升，用好建设用地增量，注意盘活存量，解决批而未供土地、闲置土地和低效利用土地问题。镇级层面关键要以镇域为主体，加强土地要素保障，整镇推进、镇村并举盘活存量用地，腾出优质连片发展空间，优化生产性布局。村级层面要将核心放在释放农村闲置低效用地上，通过拆旧复垦来增加耕地并为村集体带来收益，推进村级工业园改造项目实现"腾笼换鸟"。

3. 增加耕地，坚持"三位一体"保护

县级层面要将"坚决防止耕地和永久基本农田阶段性流失和质量降低"这根红线压实，完善管控、建设、激励多措并举的耕地保护机制，并在县域统筹谋划一批农用地整治项目，引导耕地集中连片布局。镇级层面关键在遵守"两个5%"（新增耕地面积不少于原有耕地面积的5%、新增永久基本农田面积不少于调整面积的5%）的底线要求下，明确农用地整理具体项目实施方案。村级层面要将核心放在落实秀美田园建设上，实现田块合理归并，提高耕地质量和连片程度，完善沟路渠等农田基础设施，从"质"上支撑耕地全面优化提升。

4. 优化生态，开展山水林田湖草沙一体化保护和修复

县级层面要加强督导，严禁各乡镇以全域土地综合整治的名义冲击生态保护红线，统筹指导各乡镇按照国家与省有关部署有重点地开展生态修复。镇级层面关键要以切实解决好镇域重要生态问题为导向，系统推进山水林田

湖草沙一体化保护和修复。村级层面要将核心放在建设宜居美丽乡村上，通过全域土地综合整治考虑生态修复、景观休闲、文化传承等综合功能，提升乡村风貌，一体推进生态宜居美丽乡村建设。

5. 增强活力，坚持政策机制创新，激活各方改革创新的动力

县级层面要勇于实践，大胆探索，推出一批管用、好用、实用的政策。镇级层面是全域土地综合整治的具体实施主体，需要结合问题导向，开展体制机制创新，完善利益平衡机制，探索具有可操作性的市场化参与机制。村级层面要发挥好党组织战斗堡垒作用和党员先锋模范作用，深化村民自治实践，激活乡村治理内生活力。全域土地综合整治还要注意严守底线、规范开展：①强化国土空间规划是全域土地综合整治的基本依据，坚决维护"三区三线"划定成果的严肃性；②坚持"先补后调"原则，严格落实耕地保护目标责任，坚决防止耕地和永久基本农田阶段性流失及质量降低，守住国土空间总体规划确定的耕地和永久基本农田保护目标任务；③尊重土地权属，充分听取和尊重群众意愿，切实维护群众合法权益。

三、"县、镇、村"维度下的全域土地综合整治重点

全域土地综合整治助力"百县千镇万村高质量发展工程"，需要遵从问题导向、目标导向和效果导向，县、镇、村应分别从不同维度和侧重点开展全域土地综合整治。

1. 以"五个坚持"支撑县高质量发展

一是坚持一张蓝图绘到底来"落规划"。县级层面要突出全域设计、统筹谋划的作用，既要编好县域国土空间总体规划，又要组织指导好乡镇国土空间总体规划和村庄规划编制。同时，须以国土空间规划为引领，准确把握全县域土地综合整治的重要区域、重点工程、重要项目、关键环节与主要措施，确保规划的准确落地与顺畅传导。

二是坚持节约集约用地来"腾空间"。县级层面要以全域土地综合整治为抓手，系统推进农用地整理、建设用地整理、生态保护修复，以及乡村历史文化保护与风貌提升。特别是强化城镇建设用地管理，进一步完善土地供应方式，用好建设用地增量，注意盘活存量，解决批而未供土地、闲置土地

和低效利用土地问题。

三是坚持"三位一体"来"增耕地"。县级层面要按照"数量有增加、质量有提升、布局更加集中连片"的原则，探索通过垦造水田、耕地恢复、高标准农田建设等农用地整治项目，引导耕地集中连片布局，坚决防止耕地和永久基本农田阶段性流失及质量降低。

四是坚持"两山"转化来"优生态"。县级层面要加强督导，严禁各乡镇以全域土地综合整治的名义冲击生态保护红线，指导各乡镇要以增强农业空间生态功能、维护农田生态系统生物多样性、保护岭南特色农业功能区与乡村自然山水田林、恢复退化土地生态条件等为重点，以全面推进乡村振兴战略为目标，统筹开展全域土地综合整治，形成生态宜居、乡韵浓郁、欣欣向荣的农业空间。

五是坚持政策机制创新来"强活力"。县级层面要在机制与政策设计上坚持因地制宜、守正创新，不断提升政策与机制的原则性和灵活性，确保既能保障筑牢红线，又能平衡各方利益。

2. 以"五个关键"保障乡镇发展兴旺

一是镇域"落规划"关键在于提升规划精度并优化布局。鼓励乡镇层面以详细规划深度编制镇国土空间总体规划，明确镇域土地空间资源的数量、布局和功能，以系列项目精准落位布局实施存量土地规模腾挪。

二是镇域"腾空间"关键在于腾出优质连片发展空间。以镇域为主体，加强土地要素保障，重点在于构建镇村空间资源按需腾挪、有序流动机制，整镇推进、镇村并举盘活存量用地，腾出优质连片发展空间。

三是镇域"增耕地"关键在于明确具体项目实施方案。坚持目标和问题导向相结合，统筹垦造水田、补充耕地、高标准农田等农用地整理项目，在遵守"两个5%"的底线要求下明确具体项目实施方案。

四是镇域"优生态"关键在于解决突出生态环境问题。生态环境保护与修复是关系人民群众切身利益的问题，要以切实解决好镇域重要生态问题为导向，系统推进山水林田湖草沙一体化保护和修复。

五是镇域"强活力"关键在于通过创新探索解决困境。结合问题导向开展体制机制创新，完善利益平衡机制，探索具有可操作性的市场化参与机制，争取支持发行全域土地综合整治专项债，破解掣肘项目推进最突出的资金问题。

3. 以"五个核心"推动和美乡村建设

一是将核心放在做好农村建设用地管理上来"落规划"。村域推进全域土地综合整治，需落实好村庄规划，并结合村庄规划核心要点，同步引导管好用好农村宅基地、留用地、产业用地，创新模式鼓励复合利用农村宅基地、留用地，推进指导规范实施乡村振兴用地政策落地，支撑好乡村产业发展建设。

二是将核心放在释放农村闲置低效用地上来"腾空间"。村域要依托全域土地综合整治平台，充分尊重村民主体，调动村民积极性，通过拆旧复垦来增加农村耕地并为村集体带来收益。要通过优化生产性布局，促进形成产业化、多样化、高端化、集成化的现代产业集聚区，以此推动农村闲置低效用地的价值释放。

三是将核心放在落实秀美田园建设上来"增耕地"。村域要加快推动农田连片整治，实施垦造水田、高标准农田建设，实现田块合理归并，提高耕地质量和连片程度。同时，完善沟路渠等农田基础设施，优化特色田园景观风貌，促进当地三产业融合发展，从"质"上支撑耕地全面优化提升。

四是将核心放在建设宜居美丽乡村上来"优生态"。村域要充分发挥全域土地综合整治在实现"绿水青山"向"金山银山"价值转化的"点金石"作用，通过全域土地综合整治整体考虑生态修复、景观休闲、文化传承等综合功能，同步提升乡村风貌，一体推进生态宜居美丽乡村的建设。

五是将核心放在完善乡村治理体系上来"强活力"。村域要深化村民自治实践，建立健全党委领导、政府负责、社会协同、公众参与、法治保障的现代乡村社会治理体制。

四、构建系统落实全域土地综合整治新命题的工作体系

全域土地综合整治是一项点多线长面广的综合性工程，需要加快建立组织领导、规划引领、政策支撑、资金保障、服务运营支撑等工作体系，对其形成强有力支撑。

1. 建立纵向贯通、横向联动的组织领导体系

应推进建立健全由省级统筹、地级市负主责、县镇村抓落实的工作机制，从更高层面推动建立全域土地综合整治领导小组与工作专班。各地要发挥好统筹兼顾、协调各方的作用，及时研究解决重大问题。

2. 建立全域统筹、全面支撑的规划引领体系

应突出抓好县级国土空间总体规划和镇村规划编制实施，切实发挥好规划引领作用，在空间和时间、数量和质量、规模和结构等方面拓展纵深。同时，强化县级规划要素配置统筹，支持各试点按照详细规划深度，编制镇村并举、镇域统筹的镇级国土空间总体规划，探索县镇村空间资源按需腾挪、有序流动的规划编制方法，并提升村庄规划的实用性。

3. 建立问题导向、系统集成的政策支撑体系

应聚焦试点中出现的难点问题，坚持问题导向，出台关于推进全域土地综合整治助力"百千万工程"的文件，配套制定出台实施方案，在规划土地、乡镇建设、农村管理、产业商贸、财政支持等方面制订多项细化的政策措施，同频共振、协同发力，纵深推进城乡区域协调发展。

4. 建立金融支持、多元投入的资金保障体系

应探讨"政府出一点、银行贷一点、社会投一点、指标卖一点"等多种方式，构建"政府引导资金＋专项债＋政策性金融＋社会资金"的多元资金参与模式，力争实现政府、企业、村户三方共赢。同时，建立全域土地综合整治形成的各类土地指标收益分配机制。

5. 建立理念先进、专业可靠的服务运营支撑体系

应强化横向帮扶协作，结合落实粤东、粤西、粤北地区承接珠三角产业有序转移工作，探索建立共建共享机制。同时，联合各级国有企业打造全域土地综合整治运营平台，覆盖"规划＋项目＋投融资＋实施＋运维"全流程，重点打造一批精品试点。

（作者系广东省自然资源厅党组成员、
副厅长、省海洋局局长）

目 录

第一章 意义篇 ··· 1

1.1 全域土地综合整治的内涵与特征 ····························· 2
    1.1.1 全域土地综合整治的科学内涵 ························· 2
    1.1.2 全域土地综合整治的特征 ································ 4
    1.1.3 全域土地综合整治的关键问题 ························· 5

1.2 全域土地综合整治的重大意义 ·································· 8
    1.2.1 搭建全域综合创新平台，落实中央和省委战略部署 ········· 8
    1.2.2 促进城乡资源有效流转，破解区域发展不平衡困境 ········· 13
    1.2.3 巩固先行先试经验成果，顺应生产力布局调整进程 ········· 22

1.3 新时期全域土地综合整治的新要求 ·························· 29
    1.3.1 建立贯通联动的组织体系与运作机制 ··············· 30
    1.3.2 完善全域统筹规划的编审与实施路径 ··············· 30
    1.3.3 构建系统集成的政策引导与支撑体系 ··············· 31
    1.3.4 完善多元资金统筹与收益分配机制 ··················· 31
    1.3.5 推动低效用地腾退与跨区域增存挖潜 ··············· 32
    1.3.6 统筹规范标准与完善评估机制 ························· 33

第二章 任务篇 ·· 35

2.1 落规划，构筑"走在前列"的空间格局 ···················· 36
    2.1.1 国土空间规划体系基本情况 ···························· 36
    2.1.2 广东省国土空间规划的推进与全域土地综合整治 ········· 39

  2.1.3 "县镇村"开展全域土地综合整治在"落规划"中的工作要点
······40

2.2 腾空间，建设"村庄集中"的和美乡村······43
  2.2.1 以全域土地综合整治推进存量空间集聚与潜力释放······44
  2.2.2 广东以村庄用地整治提升打造和美乡村的策略······46
  2.2.3 "县镇村"开展全域土地综合整治进行空间腾挪的工作重点
······49

2.3 增耕地，整合"良田连片"的农业空间······53
  2.3.1 我国耕地保护情况······53
  2.3.2 以全域土地综合整治破解耕地碎片化问题······55
  2.3.3 "县镇村"开展全域土地综合整治实施耕地保护的工作重点
······57

2.4 强活力，推动"产业集聚"的乡村振兴······60
  2.4.1 我国现行土地管理模式与广东省现实需求······60
  2.4.2 以全域土地综合整治推动产业集聚乡村振兴······66
  2.4.3 "县镇村"开展全域土地综合整治推进乡村产业集聚的工作重点······67

2.5 优生态，打造"生态优美"的绿美广东······70
  2.5.1 广东"三大生态系统"基本情况······70
  2.5.2 国土空间生态修复工作概述······71
  2.5.3 全域土地综合整治过程中国土空间生态修复要点······75
  2.5.4 "县镇村"开展全域土地综合整治推进生态优化的工作重点
······78

第三章 行动篇······83
3.1 统筹谋划、政府主导社会全员参与······84
  3.1.1 基于全域整治体系，明晰项目生成路径······84
  3.1.2 建立分级管理机制，明确项目实施责任······84

  3.1.3 明确项目实施步骤与项目管理要点 …………………… 85

3.2 调查评估、全要素统筹分析整治潜力 ……………………………… 86
  3.2.1 全域土地综合整治项目潜力分析依据 ………………… 86
  3.2.2 全域土地综合整治项目潜力分析流程 ………………… 87

3.3 制定计划、全地域规划落实整治任务 ……………………………… 90
  3.3.1 推进实施方案与镇村规划协同编制 …………………… 90
  3.3.2 建立项目整体立项与实施模式 ………………………… 90
  3.3.3 综合整治项目分类细化管理 …………………………… 91

3.4 编报方案、全周期发力制订方案流程 ……………………………… 91
  3.4.1 全域土地综合整治实施方案的定位 …………………… 91
  3.4.2 全域土地综合整治实施方案的编制原则 ……………… 92
  3.4.3 全域土地综合整治实施方案编制要求 ………………… 94

3.5 项目实施、全链条管控执行组织行动 ……………………………… 97
  3.5.1 全域土地综合整治项目实施程序 ……………………… 97
  3.5.2 农用地整理实施要点 …………………………………… 98
  3.5.3 建设用地整理实施要点 ………………………………… 99
  3.5.4 国土空间生态修复要点 ……………………………… 102
  3.5.5 人居环境整治升级要点 ……………………………… 104

3.6 底线思维、切实保障整治项目质量和实效 ……………………… 104
  3.6.1 组织验收 ……………………………………………… 104
  3.6.2 监测管护 ……………………………………………… 106
  3.6.3 绩效考评 ……………………………………………… 107

第四章 保障篇 ……………………………………………………………… 109
 4.1 建立纵向贯通、横向联动的组织领导体系 ……………………… 110
  4.1.1 健全工作推进机制，形成齐抓共管工作新格局 ……… 110
  4.1.2 健全部门协调机制，探索市、县纵横联动新模式 …… 114
  4.1.3 完善职责分工机制，开创全域整治管理新局面 ……… 114

4.2 建立全域统筹、全面支撑的规划引领体系 ················· 115
    4.2.1 发挥规划引领作用，推动刚弹结合科学整治 ··········· 117
    4.2.2 强化要素配置统筹，助力实施成效再迈台阶 ··········· 118
    4.2.3 规范土地流转管理，促进乡村振兴增添活力 ··········· 119
4.3 建立问题导向、系统集成的政策支撑体系 ················· 120
    4.3.1 强化农用地整理优化布局，实现农田连片集中整治 ···· 121
    4.3.2 强化建设用地整理空间腾挪，实现村庄集中产业集聚 ·· 123
    4.3.3 强化生态保护修复保护环境，实现生态优美功能提升 ·· 127
    4.3.4 其他资源要素保障方面的政策支撑 ··················· 130
4.4 建立金融支持、多元投入的资金保障体系 ················· 130
    4.4.1 聚焦资源有效整合，力求多元合力补资金短板 ········ 131
    4.4.2 拓宽资金投入渠道，借助多方共筹破资金难题 ········ 132
    4.4.3 合理遴选投融资模式，完善社会资本参与路径 ········ 133
    4.4.4 深入理解现有政策、全方位认清用好各项利好 ········ 138
4.5 建立理念先进、专业可靠的运营支撑体系 ················· 140
    4.5.1 建立协同实施机制，巩固多方参与发展形势 ·········· 140
    4.5.2 强化示范引领、复制推广成功经验 ··················· 141
    4.5.3 完善配套政策、促进政策的集成创新机制 ············ 142
    4.5.4 创建数字赋能、全生命周期的项目管理机制 ·········· 144
    4.5.5 建立以民为本、公开透明的公众参与机制 ············ 150

第五章 案例篇 ··· 153
5.1 国外土地综合整治经验 ·· 154
    5.1.1 德国土地综合整治经验 ································· 154
    5.1.2 英国国土综合整治经验 ································· 157
5.2 国内土地综合整治经验 ·· 158
    5.2.1 良田成片土地整治项目 ································· 158
    5.2.2 产业集聚土地整治项目 ································· 165

  5.2.3 村庄集中土地整治项目 …………………………… 169
  5.2.4 生态优美土地整治项目 …………………………… 174
  5.2.5 综合类土地整治项目 ……………………………… 179

附录 …………………………………………………………… 185
  名词解释 …………………………………………………… 185
  参考文件 …………………………………………………… 192

后记 …………………………………………………………… 195

第一章　意义篇

　　土地是生存之基、发展之要、生态之源、民生之本、财富之母。全域土地综合整治是通过对土地这一生产要素进行创新性配置从而催生"新质生产力"的具体实践，是优化生产力布局、增强发展动能、引领创造新的社会生产时代的有力支撑。深入推进全域土地综合整治，是贯彻落实习近平总书记关于学习借鉴浙江"千村示范、万村整治"工程（以下简称"千万工程"）重要指示的重要举措，也是广东省助力实施"百县千镇万村高质量发展工程"（以下简称"百千万工程"）、制造业当家、绿美广东生态建设的关键一招。

1.1 全域土地综合整治的内涵与特征

1.1.1 全域土地综合整治的科学内涵

1. 全域土地综合整治的定义

在城乡社会经济转型发展背景下，土地整治由单一功能的整治工程逐渐向强调全要素、多功能、跨尺度、全价值的多维度整治转变。全域土地综合整治是在一定区域内，以"全区域规划、全要素统筹、全周期发力、全链条管控、全员动员参与"为理念和方法，坚持"内涵综合、目标综合、手段综合、效益综合"，以国土空间规划为引领，整体推进农用地整理、建设用地整理、乡村生态保护修复和历史文化保护，优化生产、生活、生态空间格局，强化要素保障，支撑城乡高质量发展和区域协调发展。

全区域规划，强调的是整治范围为"全域"，需统筹生活、生产、生态空间进行全域优化布局、综合整治；全要素统筹，强调的是整治的要素需要是山、水、林、田、湖、草、路、村等土地上的"全要素"；全周期发力，强调的是整治工作需要从源头到末梢的全过程管控，各项措施在政策取向上相互配合、在实施过程中相互促进、在工作成效上相得益彰；全链条管控，强调的是对整治工作的统筹、规划、设计、实施、管理、运营维护各个环节全流程监管；全员动员参与，强调的是提升各个主体的参与度，平衡各方主体的投入和利益。全域土地综合整治是城乡地域系统空间体系与功能价值重塑的综合过程。

2. 全域土地综合整治是深入推进"百千万工程"的重要抓手

"千村示范、万村整治"工程是习近平总书记在浙江工作时亲自谋划、亲自部署、亲自推动的一项重大决策，全面实施20年来深刻改变了浙江农村的面貌。广东省委、省人民政府始终坚持以习近平新时代中国特色社会主义思想为指引，认真学习贯彻习近平总书记视察广东重要讲话、重要指示精神和关于"千万工程"的重要批示精神，大力实施"百县千镇万村高质量发展工程"，奋力推进中国式现代化的广东实践。深入学习浙江"千万工程"经验案例，推动广东"百千万工程"落实落地落具体，关键在于全面推进全域土地综合整治。

（1）土地整治是解决浙江"千万工程"城乡土地要素流动问题的重要手段

浙江"千万工程"大体经历了"千村示范、万村整治"示范引领、"千村精品、万村美丽"深化提升、"千村未来、万村共富"迭代升级三个阶段。与此同时，浙江农村土地整治大体经历了土地开发整理、土地综合整治、全域土地综合整治三个发展阶段。时间维度的交织演进，深刻揭示了上述两者在价值逻辑、发展逻辑、治理逻辑上的同向而行和层层递进。

2005年8月，时任浙江省委书记习近平同志在"千万工程"嘉兴现场会上强调"要鼓励各地借鉴土地整理的政策，开展'村庄整理'，把村庄集聚与土地资源的节约利用有机结合起来，通过村庄整理节余出来的土地，用于商业性的出让开发，土地收益归农民集体所有，主要用于中心村和新社区建设，政府则可以解决非农用地指标紧缺难题，为招商引资腾出发展空间，这是一举多得的好事"，有效回答了"城乡土地要素如何流动"的问题。

2010年1月，浙江省委、省人民政府出台《关于深入开展农村土地综合整治工作扎实推进社会主义新农村建设的意见》，提出通过土地综合整治工作解决三大核心问题：地从哪里来、钱从哪里筹、人到哪里去。

2018年9月，"千万工程"荣获联合国环保最高奖项——地球卫士奖。新时代新征程，要持续推动"千万工程"走深走实，总结推广"千万工程"好经验好做法，为加快城乡融合发展、推动美丽中国建设、全面推进乡村振兴提供助力，为实现中国式现代化奠定坚实基础。

（2）全域土地综合整治是解决广东"百千万工程"中区域协调发展问题的重要手段

城乡区域发展不平衡是广东高质量发展的最大短板，也是最大潜力板。习近平总书记高度重视广东、时刻关心广东，2023年4月在广东视察时强调，区域协调发展是实现共同富裕的必然要求，广东要下功夫解决区域发展不平衡问题。

2023年2月，广东省委农村工作会议暨全面推进"百县千镇万村高质量发展工程"促进城乡区域协调发展动员大会在广州召开。广东省委书记黄坤明在会上强调，要迅速行动、狠抓落实，大力实施"百县千镇万村高质量发展工程"，推动城乡区域协调发展朝着更高水平更高质量迈进。

2023年6月，广东省委十三届三次全会召开，省委提出"锚定一个目标，激活三大动力，奋力实现十大新突破"的"1310"具体部署。其中"百县千镇万村高质量发展工程"被作为"1310"具体部署的奋力实现十大新突破之一，提出要全面推进县镇村高质量发展。

2023年8月，《广东省自然资源厅关于加强自然资源要素保障 助力实施"百县千镇万村高质量发展工程"的通知》明确在全省57个试点县（市）"积极支持全域土地综合整治试点"。2024年3月，《广东省自然资源厅关于推进全域土地综合整治扩面提质的通知》明确把全域土地综合整治工作从42个试点扩面提质到"百千万工程"典型县、典型镇和有条件的地方，谋划推动新一批全域土地综合整治项目，增强土地要素对优势地区高质量发展保障能力。扩面提质是贯彻落实省委深改委决策部署的关键举措，对广东推进"百千万工程"意义重大。

2024年5月，广东省委书记黄坤明在省委农村工作会议暨深入实施"百县千镇万村高质量发展工程"推进会上强调，要扎实推进全域土地综合整治，聚焦实现"良田连片""村庄集中""产业集聚""生态优美"，推动试点扩面提质，进一步激活盘活土地资源。

全域土地综合整治从互促共进的角度对先发地区与后发地区的发展进行通盘考虑，对县镇村各自的功能定位科学把握，将县镇村的各类资源统筹起来，通过推动土地、资源、资本等要素在城乡之间合理有序高效流转，破解广东"百千万工程"中区域协调发展不平衡的关键性问题，是广东省高质量发展的现实需求和必由之路。

1.1.2 全域土地综合整治的特征

1. 整治内容的全域综合性

全域土地综合整治是保障粮食安全、促进城乡融合的重要抓手，是推进农村有机更新、实现农业农村现代化与乡村振兴战略的重大平台。相比于传统土地整治，全域土地综合整治以乡镇为整治推进单元，以"山水林田湖草路村"全要素为整治对象，彻底转变了以局部单个项目进行整治的形式。对于作用范围与对象而言，其更加凸显出"范围全域"与"对象综合"两个关键词。

2. 整治模式的区域差异性

不同地区自然资源禀赋、经济发展水平、区域文化、存在问题不同，整治模式也存在较大差异。例如，浙江省全域土地综合整治模式根据地区特点分为产业生态融合型、城郊低效建设用地整治型、现代农业引领型、乡村旅游带动型、特色村庄改造修复型和农田整治保护型六种类型。需结合整治区域的全域空间分异特征，因地制宜地开展全域整治。

3. 整治过程的时空统筹性

全域土地综合整治本质在于：一是从内容上整体优化乡村的"要素—结构—功能"；二是从时间上促进乡村的可持续发展。浙江省将全域土地综合整治效果与"乡村用地数量与质量，以及乡村生态、产业与文化"五项内容深度挂钩，针对整治流程构筑起"前期规划、中期评估、后期监测"的全生命周期整治观，既有协调乡村用地与格局的空间统筹功能，又兼具促进代际可持续发展的时间统筹功能。

4. 整治目标的多元融合性

全域土地综合整治在用地整理这一传统目标的基础上，强调人文情怀与山水脉络的有机融合，更为重视整治后的乡村功能与生态价值。整治工程既要兴旺产业、保育生态、高效治理，做实乡村振兴，又要实现城乡之间异类等值、互利互惠，搭建城乡融合体。因此，全域土地综合整治并非以实现单一目标为导向，而是希望通过整治实现生产、生活、生态等多重综合目标。

1.1.3 全域土地综合整治的关键问题

全域土地综合整治工作的关键要义，可以沿目标、范围、主体及路径四个维度展开，具体归纳为"为何整治""在哪整治""谁来整治"和"如何整治"四个方面（图1-1）。

1. 为何整治：实现乡村振兴长远目标

全域土地综合整治面临的首要问题是理论与实践的目标不完全一致，实践情况与政策要求尚难以匹配。全域土地综合整治在实践中仍存在传统土地整治"重任务、重工程、重指标"的路径依赖，整治的条块分割思维和项目机械组合等问题依然存在，部分地区开展整治的核心利益偏向满足开发建设需要而非乡村振兴的实际需求，不利于推动乡村可持续发展，与乡村振兴的长远目标相悖。而只有全面推进乡村振兴，消除城乡差距才能真正实现城乡区域均衡协调发展。因此，全域土地综合整治需统筹乡村布局规划、村庄建设规划、农房风貌规划，按需务实推进各专项规划优化提升工作，对农民建房、农村公共服务和基础设施、乡村产业等近期建设项目做出空间安排，为实现乡村振兴进一步提供空间及要素保障。

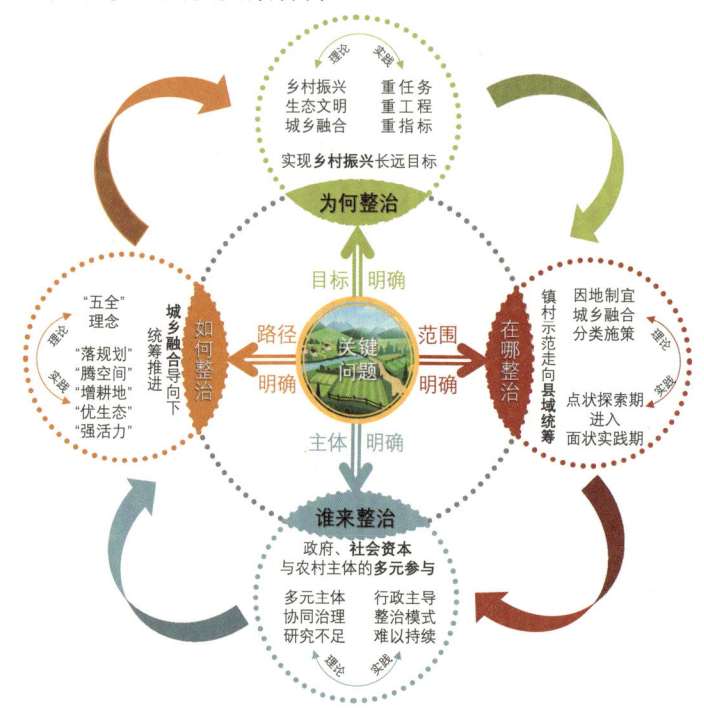

图 1-1　全域土地综合整治的关键问题

2. 在哪整治：从"镇村示范"走向"县域统筹"

广东省全域土地综合整治已经从"镇村示范"的点状试点探索期进入更大范围的"县域统筹"面状实践期，需要把县域作为城乡融合发展的重要切入点，因地制宜、分类施策，从县域层面整体系统考虑、统筹协调，摸索出一套切实有效的城乡要素流动模式，寻求符合实情的整治实施路径。以浙江为例，其在实施"千万工程"过程中，立足山区、平原等不同地形地貌，区分发达地区和欠发达地区、城郊村庄和纯农业村庄，标准各有高低；在此基础上始终坚持统筹城乡发展，不断推动城市基础设施向农村延伸、公共服务向农村覆盖、资源要素向农村流动。

因此，全域土地综合整治应有序推进、先立后破，强化乡镇联城带村的节点功能，一体化推进县镇村发展。坚持稳中求进工作总基调，结合"创先、进位、消薄"分类和资源禀赋特点，立足于生产、生活、生态空间结构优化与功能整合，集约利用土地资源、综合治理生态环境、科学调整产业布局、优化配置设施服务，因地制宜推进全域土地综合整治。

3. 谁来整治：政府、社会资本与农村主体的多元参与

全域土地综合整治是一项多元主体共治的活动，任务面广、量大和资金需求旺盛。以往全域土地综合整治项目的资金来源多以各级财政资金为主，资金来源相对单一。政府作为全域土地综合整治的主导方，主要通过行政力量推动农用地整理、建设用地整理、生态保护修复等工作，受限于传统土地整治在利益分配、资金整合等方面存在的问题，导致农村居民等群体参与全域土地综合整治的主动性和积极性不高，主体意识不足。另外，社会资本参与全域土地综合整治机制尚未完善，还存在参与渠道不畅通、支持政策不明确、回报路径不清晰等问题。

随着全域土地综合整治工作提质扩面，单纯以政府主导的整治模式呈现出越来越显著的局限性。为确保全域土地综合整治项目的顺利实施，各部门需要加强协同配合，同时关注社会投资人与产业项目投资人的关联性问题，确保项目的方向和目标与产业发展的需求相匹配，从而夯实乡村振兴的产业基础。应充分尊重群众意愿，发挥基层群众、农村集体经济组织和农民主体作用，推动形成共建共管共享的良好局面。即遵循政府主导、综合整治的基本原则，坚持系统观念，突出规划引领，强化政策激励，构建切实可行的实施路径，鼓励社会多方参与，推进全域全要素综合治理，促进经济、社会、文化、生态等多目标平衡发展。

4. 如何整治：在城乡融合导向下统筹推进

全域土地综合整治以"全区域规划、全要素统筹、全周期发力、全链条管控、全员动员参与"为理念和方法，通过开展"落规划""腾空间""增耕地""优生态""强活力"五大重点工作领域的任务，着手破解广东省区域发展不平

衡的现实困境，以及部分地区空间布局无序化、耕地碎片化、土地利用低效化、生态功能退化的"四化"问题。全域土地综合整治更加强调"范围全域"与"对象综合"，要避免将工作理解为农用地、建设用地、生态用地等地类整治的简单叠加，而忽视其系统性和综合性。

城乡融合导向的全域土地综合整治是统筹城乡全域全要素、优化城乡空间结构、修复自然生态格局、调整城乡权利分配体系的系统性、综合性整治工程，其本质是调整人地关系，成为统筹推进生态文明建设、破除"城乡并发症"、重塑城乡关系的关键手段和综合平台。因此，全域土地综合整治需以城乡国土空间资源的高效利用为导向，强化镇村国土空间规划引领，通盘考虑土地利用、产业发展、居民点建设、人居环境整治、生态保护、防灾减灾和历史文化传承，提出整治规模、布局、时序等规划指引，科学有效地推进项目实施、成效验收和后期运营管护。

1.2 全域土地综合整治的重大意义

1.2.1 搭建全域综合创新平台，落实中央和省委战略部署

2003年6月，在时任浙江省委书记习近平同志的倡导和主持下，以农村生产、生活、生态的"三生"环境改善为重点，浙江全省启动"千万工程"。

2018年9月，浙江"千万工程"获联合国"地球卫士奖"，习近平总书记做出重要批示：浙江"千村示范、万村整治"工程起步早、方向准、成效好，不仅对全国有示范作用，在国际上也得到认可。要深入总结经验，指导督促各地朝着既定目标，持续发力，久久为功，不断谱写美丽中国建设的新篇章。

2019年12月，为贯彻落实习近平总书记重要指示精神，履行"两统一"职责（统一行使全民所有自然资源资产所有者职责和统一行使所有国土空间用途管制和生态保护修复职责），自然资源部于2019年发布《自然资源部关于开展全域土地综合整治试点工作的通知》（自然资发〔2019〕194号），开始部署全域土地综合整治试点工作，并在全国试点推广。

2021年1月，《自然资源部 国家发展改革委 农业农村部关于保障和规范农村一二三产业融合发展用地的通知》（自然资发〔2021〕16号）提出，

在充分尊重农民意愿的前提下，可依据国土空间规划，以乡镇或村为单位开展全域土地综合整治，盘活农村存量建设用地，腾挪空间用于支持农村产业融合发展和乡村振兴。

2022年5月，中共中央办公厅、国务院办公厅印发了《乡村建设行动实施方案》，提出探索开展全域土地综合整治，整体推进农用地整理和建设用地整理，盘活农村存量建设用地，腾挪空间用于支持乡村建设，实现乡村振兴。要建设宜居宜业美丽乡村，《乡村建设行动实施方案》提出了12项重点任务，可概括为"183"行动："1"就是制定一个规划，确保一张蓝图绘到底；"8"就是实施八大工程，加强道路、供水、能源、物流、信息化、综合服务、农房、农村人居环境等重点领域基础设施建设；"3"就是健全三个体系，改善农村公共服务和乡村治理。

2022年10月，习近平总书记在中国共产党第二十次全国代表大会上的报告中指出，高质量发展是全面建设社会主义现代化国家的首要任务。要促进区域协调发展，深入实施区域协调发展战略、区域重大战略、主体功能区战略、新型城镇化战略，优化重大生产力布局，构建优势互补、高质量发展的区域经济布局和国土空间体系。要立足新发展阶段，从经济高速增长转向高质量发展新阶段，坚持贯彻创新、协调、绿色、开放、共享的新发展理念（图1-2）。

图1-2 国家对高质量发展的要求

2022年11月，广东省自然资源厅印发的《广东省乡村振兴用地政策指引》提出，县级人民政府通过土地整治，将农村建设用地垦造为农用地后腾出的建设用地指标，应当按照国家和省有关规定优先用于土地整治项目所在村乡村振兴发展用地需求。

2022年12月，中国共产党广东省第十三届委员会第二次全体会议通过《中共广东省委关于实施"百县千镇万村高质量发展工程"促进城乡区域协调发展的决定》，提出"开展城乡土地综合整治，推进城乡建设用地增减挂钩，满足县镇扩容提质空间需求"（图1-3）。

到2025年
城乡融合发展体制机制基本建立，县域经济发展加快，新型城镇化、乡村振兴取得新成效，突出短板弱项基本补齐，城乡居民人均可支配收入差距进一步缩小。

到2027年
城乡区域协调发展取得明显成效，县域综合实力明显增强，一批经济强县、经济强镇、和美乡村脱颖而出，城乡区域基础设施通达程度更加均衡，基本公共服务均等化水平显著提升，中国式现代化的广东实践在县域取得突破性进展。

展望2035年
新型城镇化基本实现，乡村振兴取得决定性进展，城乡区域发展更加协调更加平衡，共同富裕取得更为明显的实质性进展，全省城乡基本实现社会主义现代化。

强化乡镇联城带村的节点功能
充分发挥乡镇连接城市与农村的节点和纽带作用，建设成为服务农民的区域中心，促进乡村振兴、推动城乡融合。
- 增强综合服务功能
- 建设美丽圩镇
- 建强中心镇专业镇特色镇

建设宜居宜业和美乡村
坚持农业农村优先发展，巩固拓展脱贫攻坚成果，全面推动乡村产业、人才、文化、生态、组织振兴，实现农业高质高效、乡村宜居宜业、农民富裕富足。
- 构建现代乡村产业体系
- 稳步实施乡村建设行动
- 加强和完善乡村治理

统筹推进城乡一体化发展
- 推进规划建设一体化
- 推进基础设施一体化
- 推进要素配置一体化
- 推进生态环保一体化
- 推进基本公共服务一体化

图1-3 "百县千镇万村高质量发展工程"

2023年2月，《中共中央 国务院关于做好2023年全面推进乡村振兴重点工作的意见》中提出"推进以乡镇为单元的全域土地综合整治。积极盘活存量集体建设用地，优先保障农民居住、乡村基础设施、公共服务空间和产业用地需求，出台乡村振兴用地政策指南"。

2023年4月，习近平总书记在广东考察期间强调，广东是改革开放的排头兵、先行地、实验区，在中国式现代化建设的大局中地位重要、作用突出。广东要下功夫解决区域发展不平衡问题，加快推进交通等基础设施的区域互联互通，带动和推进粤东、粤西、粤北地区更好承接珠三角地区的产业有序转移（图1-4）。

2003年6月
"千村示范、万村整治"全国率先

2003年6月，在时任浙江省委书记习近平的倡导和主持下，以农村生产、生活、生态的"三生"环境改善为重点，浙江全省启动"千村示范、万村整治"工程。

2018年9月
习近平总书记作出重要批示

2018年9月，习近平总书记作出重要批示：浙江"千村示范、万村整治"工程起步早、方向准、成效好，不仅对全国有示范作用，在国际上也得到认可。要深入总结经验，指导督促各地朝着既定目标，持续发力，久久为功，不断谱写美丽中国建设的新篇章。

2019年12月
开展全域土地综合整治试点工作

为贯彻落实习近平总书记重要指示精神，履行"两统一"职责，2019年，自然资源部发布《自然资源部关于开展全域土地综合整治试点工作的通知》（自然资发〔2019〕194号），开始部署全域土地综合整治试点工作，并在全国试点推广。

2021年1月
提出以乡镇或村为单位开展全域土地综合整治

《自然资源部 国家发展改革委 农业农村部关于保障和规范农村一二三产业融合发展用地的通知》提出，可依据国土空间规划，以乡镇或村为单位开展全域土地综合整治，盘活农村存量建设用地，用于支持农村产业融合发展和乡村振兴。

2023年2月
中央一号文件

2023年2月，中央发布的一号文件中提到"推进以乡镇为单元的全域土地综合整治。积极盘活存量集体建设用地，优先保障农民居住、乡村基础设施、公共服务空间和产业用地需求，出台乡村振兴用地政策指南"。

2022年10月
中共二十大

2022年10月，习近平总书记在中国共产党第二十次全国代表大会上的报告中指出，高质量发展是全面建设社会主义现代化国家的首要任务。要促进区域协调发展，深入实施区域协调发展战略、区域重大战略、主体功能区战略、新型城镇化战略，优化重大生产力布局，构建优势互补、高质量发展的区域经济布局和国土空间体系。

2022年5月
探索开展全域土地综合整治

2022年5月，中共中央办公厅、国务院办公厅印发的《乡村建设行动实施方案》提出探索开展全域土地综合整治，整体推进农用地整理和建设用地整理，盘活农村存量建设用地，腾挪空间用于支持乡村建设。

2022年2月
中央一号文件

2022年2月，中央发布的一号文件中提到"依法依规有序开展全域土地综合整治试点"。

2023年4月
习近平总书记来广东考察

2023年4月，习近平总书记在广东考察期间强调，广东是改革开放的排头兵、先行地、实验区，在中国式现代化建设的大局中地位重要、作用突出。广东要下功夫解决区域发展不平衡问题，加快推进交通等基础设施的区域互联互通，带动和推进粤东、粤西、粤北地区更好承接珠三角地区的产业有序转移。

2023年6月
推广浙江"千万工程"经验

2023年6月，中国共产党广东省第十三届委员会第三次全体会议在广州召开。提出"1310"具体部署，部署中提到：要深入实施"百县千镇万村高质量发展工程"，在城乡区域协调发展上取得新突破。

2023年12月
对"三农"工作作出重要指示

习近平总书记在中央农村工作会议中强调粮食安全和耕地保护，既要保障耕地数量，也要保障耕地质量，抓好粮食生产供给工作，推动食物供给体系多元化，让中国人的饭碗端得稳，端得牢。

2024年2月
建立健全土地管理制度

习近平总书记在主持召开中央全面深化改革委员会第四次会议时强调，要建立健全同宏观政策、区域发展更加高效衔接的土地管理制度，提高土地要素配置精准性和利用效率，推动形成主体功能约束有效、国土开发协调有序的空间发展格局，增强土地要素对优势地区高质量发展保障能力。

图1-4 我国全域土地综合整治发展历程

2023年6月，中国共产党广东省第十三届委员会第三次全体会议在广州召开。会议以习近平新时代中国特色社会主义思想为指导，深入学习贯彻党的二十大精神和习近平总书记视察广东重要讲话、重要指示精神，围绕实现习近平总书记赋予的使命任务，提出"1310"具体部署（图1-5），带领全省上下坚持以高质量发展为牵引，奋力在推进中国式现代化建设中走在前列。其中"十大新突破"的内容提到"深入实施'百县千镇万村高质量发展工程'，在城乡区域协调发展上取得新突破"。

1 锚定"走在前列"总目标

要求广东锚定强国建设、民族复兴目标，围绕高质量发展这个首要任务和构建新发展格局这个战略任务，在全面深化改革、扩大高水平对外开放、提升科技自立自强能力、建设现代化产业体系、促进城乡区域协调发展等方面继续走在全国前列，在推进中国式现代化建设中走在前列，强调要使粤港澳大湾区成为新发展格局的战略支点、高质量发展的示范地、中国式现代化的引领地。

3 激活"改革、开放、创新"三大动力

要推动思想再解放，以改革的办法推进改革，提振改革精气神，激活改革动力，再造体制机制创新优势。要在更大范围、更宽领域、更深层次对内对外开放中拓展经济纵深，激活开放动力，再造发展空间新优势。要营造崇尚创新、鼓励创新、勇于创新的浓厚氛围，把科技创新作为重中之重，创造性抓落实，激活创新动力，再造发展活力新优势。

10 奋力实现"十大新突破"

要纵深推进新阶段粤港澳大湾区建设，在牵引全面深化改革开放上取得新突破；
始终坚持实体经济为本、制造业当家，在建设更具国际竞争力的现代化产业体系上取得新突破；
一体推进教育强省、科技创新强省、人才强省建设，在实现高水平科技自立自强上取得新突破；
深入实施"百县千镇万村高质量发展工程"，在城乡区域协调发展上取得新突破；
全面推进海洋强省建设，在打造海上新广东上取得新突破；
深入推进绿美广东生态建设，在打造人与自然和谐共生的现代化广东样板上取得新突破；
扎实推进文化强省建设，在努力交出物质文明和精神文明两份好的答卷上取得新突破；
用心用情抓好民生社会事业，在推动共同富裕上取得新突破；
扎实推进法治广东平安广东建设，在构建新安全格局上取得新突破；
坚定不移加强党的全面领导和党的建设，在营造良好政治生态上取得新突破。

图1-5 广东"1310"具体部署

同月，中央财办、中央农办、农业农村部、国家发展改革委印发了《关于有力有序有效推广浙江"千万工程"经验的指导意见》的通知，要求各地学深悟透"千万工程"经验蕴含的科学方法，并结合实际创造性转化到"三农"（指

农业、农村和农民）工作实践之中，推动农业农村现代化取得实实在在成效。

2023年12月，习近平总书记在中央农村工作会议中对"三农"工作作出重要指示，强调粮食安全和耕地保护，既要保障耕地数量，也要保障耕地质量，抓好粮食生产供给工作，推动食物供给体系多元化，让中国人的饭碗端得稳，端得牢。会议还强调要把推进乡村全面振兴作为新时代新征程"三农"工作的总抓手，学习运用"千万工程"蕴含的发展理念，找准乡村振兴切入点，在夯实农业发展的基础上提升乡村发展水平、建设水平、治理水平，推动乡村振兴取得实质性进展、阶段性成果。

2024年2月，习近平总书记在主持召开中央全面深化改革委员会第四次会议强调，要建立健全同宏观政策、区域发展更加高效衔接的土地管理制度，提高土地要素配置精准性和利用效率，推动形成主体功能约束有效、国土开发协调有序的空间发展格局，增强土地要素对优势地区高质量发展保障能力。

广东实施全域土地综合整治，要深刻领会习近平新时代中国特色社会主义思想及党的二十大精神，深入贯彻习近平总书记对广东系列重要讲话和重要指示批示精神，完整、准确、全面贯彻新发展理念，紧紧围绕省委"1310"具体部署，站在全国全省发展战略高度谋划全域土地综合整治，以推动高质量发展为主题，以乡村振兴战略、区域协调发展战略、主体功能区战略、新型城镇化战略为牵引，以城乡融合发展为主要途径，以构建城乡区域协调发展新格局为目标，壮大县域综合实力，全面推进乡村振兴，持续用力、久久为功，把县镇村发展的短板转化为广东高质量发展的潜力板。

1.2.2 促进城乡资源有效流转，破解区域发展不平衡困境

习近平总书记多次作出重要指示批示，要求各地区和有关部门坚持新发展理念，因地制宜、分类施策，加快城乡融合发展步伐，继续积极推动美丽中国建设，全面推进乡村振兴。广东城乡、区域发展不平衡已成为制约高质量发展的短板，亟须通过开展全域土地综合整治，推动广东城乡土地资源要素有序有效流动和高效集约配置，优化土地空间布局，重构土地利益格局，有效破解区域发展不平衡和部分地区"四化"问题，推动高质量发展。

2023年1月28日，广东省委、省人民政府召开全省高质量发展大会，为

广东经济高质量发展描绘奋进蓝图。省委部署的"百千万工程""绿美广东生态建设"等重要工作，对空间要素保障提出了更高要求。全域土地综合整治，是贯彻落实习近平总书记关于"千万工程"重要指示批示精神的生动实践，是贯彻落实省委"百千万工程"促进城乡区域协调发展的重要抓手，是保障产业落地、支撑"制造业当家"的重要举措，对深层次解决广东省土地利用难题、进一步优化国土空间格局、落实耕地保护责任、支撑全省高质量发展，都具有十分重大的意义（图1-6）。

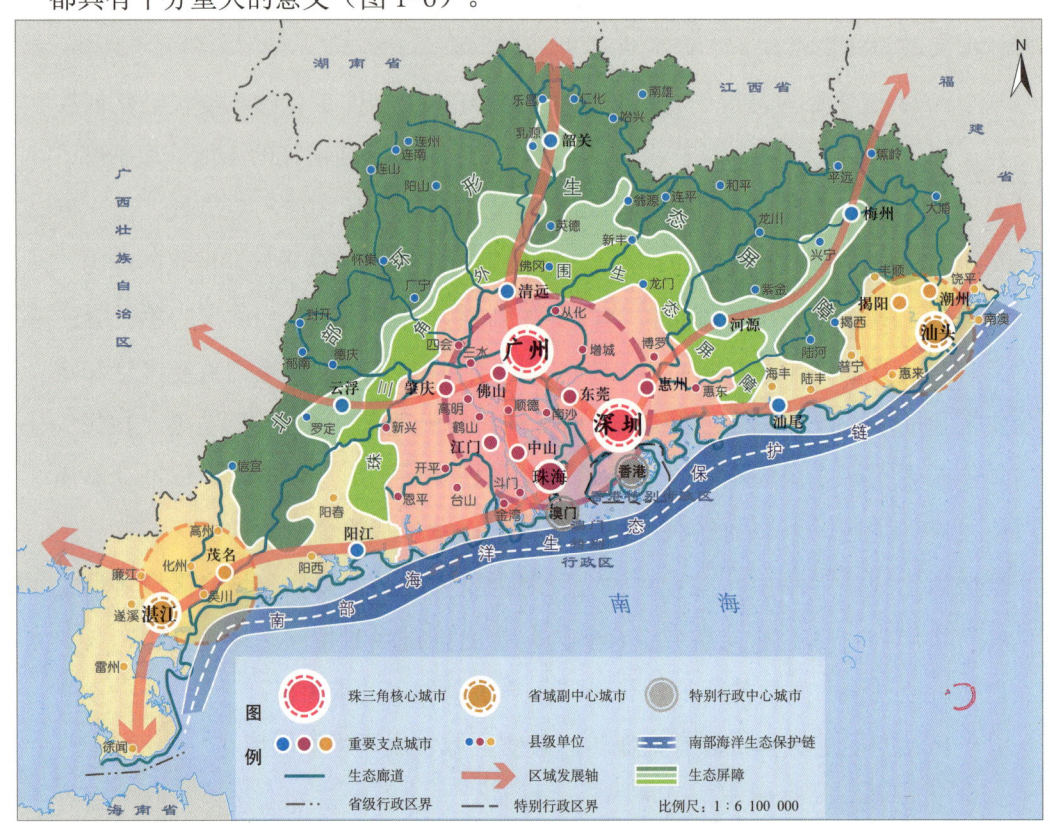

图1-6 广东省国土空间总体规划示意

1. 助力推进区域协调发展

作为全国第一经济大省，城乡、区域发展不平衡是广东的最大短板。为"补短板、强弱项"，解决广东城乡、区域发展不平衡问题，有必要开展全域土地综合整治工作，提升粤东、粤西、粤北自我发展能力，打造珠三角地区与粤东、粤西、粤北地区的经济发展共同体，实现区域空间经济的均衡发展。

第一章 意义篇

新时代10年来,广东坚定践行以人民为中心的发展思想,同全国一道如期打赢脱贫攻坚战,全省区域发展差异系数缩小到0.53,城乡居民收入比缩小到2.41:1,城乡区域发展格局不断优化、发展平衡性协调性不断提升。但对照习近平总书记的要求与现代化建设目标,广东城乡区域协调发展水平仍然不够,不平衡的整体形势并没有发生根本改变。

(1) 区域发展与资源要素流动情况

一方面,广东省人口继续向珠三角、粤东、粤西、粤北地区中心城区集聚,"一环三接"地区[指环珠三角地区两侧,以及与湖南、广西、福建三省(区)接壤的地区]人口加速流出。珠三角地区的城市和粤东、粤西、粤北地区中心城区的人口占全省人口的78.03%,成为全省人口的主要空间载体。近年来,区域交通设施建设加快了人口流动速度,由于收入水平、就业机会和社会发展的差距,"一环三接"地区人口加速流出至核心区(图1-7)。

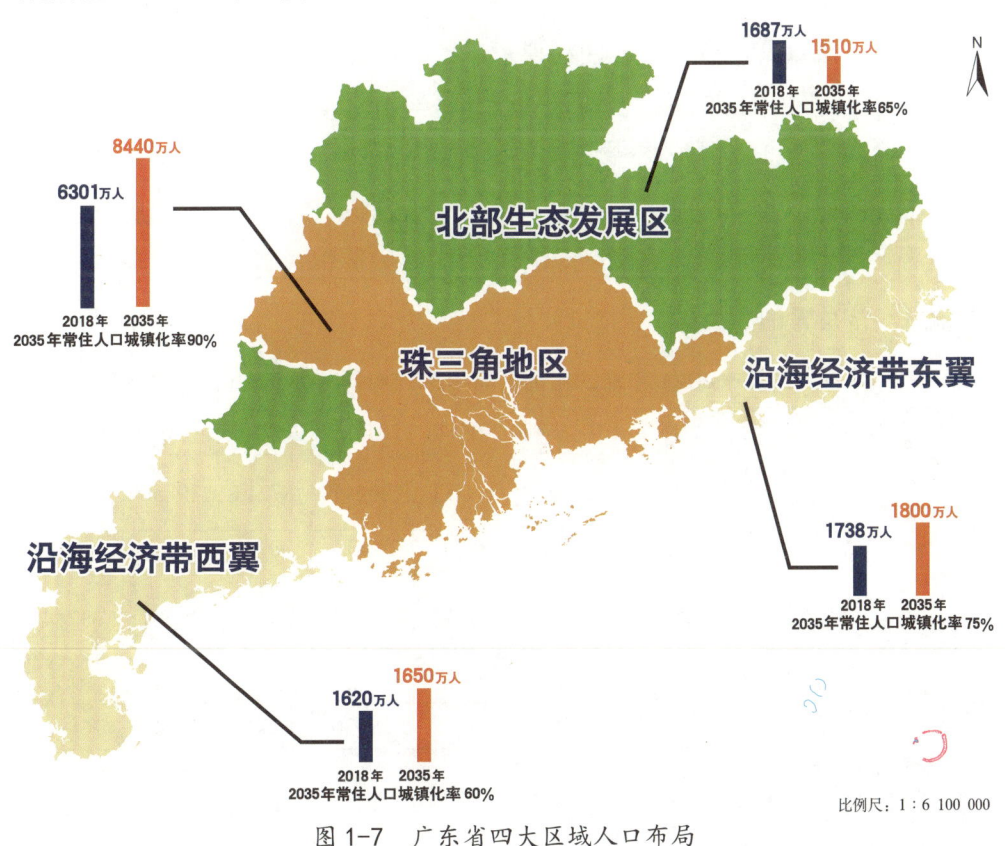

图1-7 广东省四大区域人口布局

比例尺:1:6 100 000

北部生态发展区:1687万人(2018年)、1510万人(2035年),2035年常住人口城镇化率65%

珠三角地区:6301万人(2018年)、8440万人(2035年),2035年常住人口城镇化率90%

沿海经济带东翼:1738万人(2018年)、1800万人(2035年),2035年常住人口城镇化率75%

沿海经济带西翼:1620万人(2018年)、1650万人(2035年),2035年常住人口城镇化率60%

另一方面，经济要素向珠三角环湾地区集聚，区域人均经济产出差距不断加大。从人均GDP来看，2010年广东省各地市人均GDP标准差为26478.8元，到2020年各地市人均GDP标准差为37281.5元，地市之间的经济差距进一步拉大（图1-8）。

图1-8　广东省各地市人均GDP及近十年增长率

从经济总量看，珠三角地区和粤东、粤西、粤北地区的经济总量差距悬殊，绝对差距维持高位。2022年珠三角地区经济总量占全省比例超过八成；粤东、粤西、粤北地区12个地市的土地面积占全省的70%，而GDP占全省比例还不到两成。珠三角地区与粤东、粤西、粤北地区经济总量差距从2015年的46819亿元扩大到2021年的76801亿元，绝对差距相当于粤东、粤西、粤北地区经济总量的3.2倍（表1-1）。

表1-1　2015—2021年珠三角地区与粤东、粤西、粤北地区生产总值

年份		2015年	2016年	2017年	2018年	2019年	2020年	2021年
珠三角	地区生产总值/亿元	62541	68197	74953	80441	87213	89850	100585
	占全省比重/%	79.9	80.0	80.4	80.5	80.8	80.8	80.9
粤东、粤西、粤北	地区生产总值/亿元	15722	16998	18312	19505	20773	21301	23784
	占全省比重/%	20.1	20.0	19.6	19.5	19.2	19.2	19.1
差距/亿元		46819	51199	56641	60936	66439	68549	76801
珠三角地区与粤东、粤西、粤北地区生产总值的比值		3.98	4.01	4.09	4.12	4.20	4.22	4.23

从主要经济指标看，粤东、粤西、粤北地区财政收入、投资、消费、出口等均与珠三角地区差距不断拉大，对人才、资金、技术等要素资源吸引力度不够，对高技术制造业、先进制造业、现代服务业的集聚能力不强，对基础设施、社会保障等支出能力有限。2021年，粤东、粤西、粤北地区县（市、区）的一般公共预算收入都低于50亿元，其中低于10亿元的县（市、区）共有46个，占粤东、粤西、粤北所有县（市、区）的62%。珠三角地区县（市、区）中有23个的一般公共预算收入低于50亿元，有4个低于10亿元，占珠三角地区所有县（市、区）的8%（表1-2）。

表1-2 2021年广东省四大区域主要经济总量指标对比

（单位：亿元）

指标	珠三角	粤东	粤西	粤北
地区生产总值	100585.3	7728.2	8773.9	7282.3
地方一般公共预算收入	9366.2	330.2	386.5	501.1
固定资产投资	37503.6	5577.3	4428.1	4530.2
社会消费品零售总额	34412.8	3517.6	3764.5	2485.3

（2）城乡土地资源要素的分配情况

在广东省区域发展不均衡的整体格局中，人口、经济持续向珠三角环湾地区高度集聚，而建设用地集聚呈现出相对"平均化"的态势，与人口、经济的空间一致性存在矛盾。

平均化的用地供给模式，反向扩大了土地利用水平差距。对比2010年和2020年广东省的用地增长规模发现，在122个县级行政单位用地增长排名前50%的县（市、区）中，有27个位于粤东、粤西、粤北地区，23个位于珠三角地区，增量用地投放相对平均化。然而，2020年广东省地均GDP排名前40的县（市、区）中，有30个位于珠三角地区，比2010年增加2个。从用地经济产出效益的视角看，平均化的用地供给不仅未达到缩小差距的预期效果，还扩大了核心地区与粤东、粤西、粤北地区的土地利用经济效益差距。

产业用地供给方式缺乏针对性，扩大了珠三角地区与粤东、粤西、粤北地区的土地效益差距。在增加同等规模工业用地的背景下，珠三角地区的经济效益产出数倍于粤东、粤西、粤北地区，粤东、粤西、粤北地区的产业供地相对粗放，进一步降低了土地效益。以 2009—2018 年建设用地总量变化为例，珠三角地区工业用地的增量约为粤东、粤西、粤北地区的 1.6 倍，但同期珠三角地区的工业用地地均工业增加值是粤东、粤西、粤北地区的 2.2 倍，这表明在同等用地供给规模下，粤东、粤西、粤北地区的工业用地地均效益的提升程度低于珠三角地区。

2. 有利于破解"四化"问题

广东部分地区存在空间布局无序化、耕地碎片化、土地利用低效化、生态功能退化等"四化"问题，需要通过全域土地综合整治来夯实发展的基础。

（1）空间布局无序化

广东省部分耕地存在不合理的空间布局：现状耕地中有 308 平方千米位于农业生产不适宜区，主要分布在坡度 25° 以上的陡坡地以及土层浅薄的石灰岩地区。部分城镇空间资源过度开发：珠三角核心区域开发强度接近或超出资源环境承载能力，粤东、粤西、粤北地区开发强度不及珠三角地区的一半。农村人口逐年下降，但农村建设用地总量持续增长，空心村现象突出。生态保护极重要区局部受人类生产生活扰动较大：有耕地 2058 平方千米、园地 1589 平方千米、农村居民点用地 269 平方千米、城镇用地 139 平方千米、交通水利用地 150 平方千米、采矿用地 67 平方千米。

对于空间布局无序化、空间要素资源错配等问题，亟须通过一系列的全域土地综合整治步骤，实现城镇空间集约高效、农业空间连片质优、生态空间山清水秀。

案例专栏 1-1 ▶

以高州市为例，市域内部分耕地空间布局不合理，现状 405 平方千米耕地中，还有 5.54 平方千米位于坡度 25° 以上的陡坡地。同时，高州市内生态保护极重要区局部地区受人类生产生活扰动较大，生态保护红线 804 平方千米内，有园地 109.25 平方千米、耕地 4.09 平方千米、农村居民点用地 2.39 平方千米、坑塘水面 0.74 平方千米。

（2）耕地碎片化

根据 2022 年度国土变更调查数据统计，全省耕地 3 亩以下图斑数量占比 44.69%，面积仅占 3.55%；5 亩以下数量占比 55.19%，面积仅占 6.47%。从不同面积区间耕地数量与面积占比可看出全省碎片耕地数量占比高，破碎程度大，难以实现耕地集中连片统一管理，耕地监管效率低，农户种植管理成本高，制约耕地适度规模经营和农业现代化发展。

对于耕地碎片化等问题，可以通过全域土地综合整治来推进"小田变大田"，以耕地"数量有增加、质量有提升、生态有改善、布局更集中"为目标，推进耕地集中连片整治，实现良田连片。

案例专栏 1-2

梅州市大埔县三河镇的整治区域处于山地、丘陵地区，耕地仅占镇总面积的 1.35%，人均耕地 0.18 亩，碎片化耕地占耕地总面积的 69.85%；再加上务农人口减少、田块分散经营成本高、耕地产出效益低等原因，整治区域内存在较大量的"非粮化"耕地，田地丢荒情况较为严重（图 1-9），需通过土地整治，改善耕地破碎化状况，调整种植模式，稳定粮食生产，推进农业生产规模化、机械化，适应农业转型发展的新要求。

图 1-9 梅州市大埔县三河镇耕地现状

（3）土地利用低效化

据统计，珠三角地区村镇工业集聚区总用地面积约 150 万亩，占珠三角地区工业用地总面积的 31%，但 2019 年珠三角村镇工业集聚区的工业增加值仅占珠三角地区工业增加值的 2%，粗放式的土地供应和土地管理导致广东省低效利用土地的现象凸显。

对于土地利用低效化等问题，可以通过全域土地综合整治来盘活存量低效用地，腾挪建设发展空间，为传统产业转型升级、优质项目落地提供充足的土地保障，为"制造业当家"提供好要素保障（图1-10）。

图1-10　广东省重要产业集群布局规划示意

案例专栏1-3

广州市从化区建设用地利用效率较低，级差地租差距显著，其建设用地地均产出约2.63亿元/平方千米，远低于广州市地区生产总值平均水平的14.97亿元/平方千米。从化区南部和北部地区生产总值差异大，南部五镇（街道）与北部三镇建设用地面积相同，但南部五镇（街道）占全区的70%，北部三镇仅占30%（图1-11）。从化区历史留用地指标共4192亩，涉及72个行政村159个地块，由于留用地零散落地，且单一村集体缺乏招商能力，土地难以集约利用。

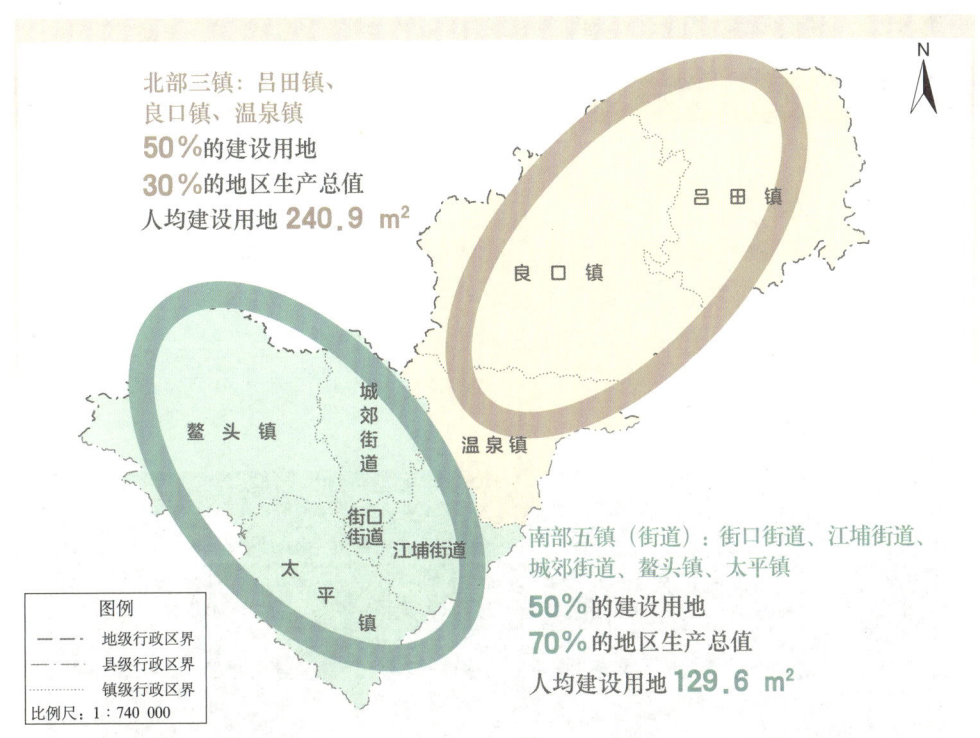

图 1-11　广州市从化区南部和北部建设用地及地区生产总值情况对比

（4）生态功能退化

广东省在快速工业化、城市化的过程中，多种地类和权属相互交错、零星分散，生态空间碎片化问题较为突出，生态保护压力日益加大。具体而言，广东省森林质量总体不高，林业用地单位面积蓄积量低于全国平均水平。自然湿地呈现退化趋势，红树林、永久性河流、洪泛平原湿地等重要湿地资源功能受损。

对于生态功能退化等问题，可通过历史矿山生态修复森林抚育、流域治理、城乡绿化美化等全域土地综合整治中的生态保护修复工作，有效解决生态退化问题，助推绿美广东生态建设。

通过实施全域土地综合整治，对区域内农用地整理、建设用地整理、生态保护修复有机整合，进一步完善国土空间格局，可优化土地资源配置、提高土地利用效率、增加土地产出价值、促进农业农村现代化，塑造更健康、更可持续、互促互利的城乡关系。

> **案例专栏 1-4** ▶
>
> 　　茂名高岭土资源丰富，探明储量达 2.8 亿吨，远景储量约 8 亿吨，是国内高岭土主要产地之一。目前，茂名高岭土年开采规模超过 220 万吨，已占有全国造纸用高岭土 80% 的市场份额。然而随着高岭土开采结束，茂南区羊角镇爱群村村域范围内多个闲置荒废的矿场未及时复绿或回填，导致水土流失和土壤污染严重，甚至成为部分村庄生活垃圾的堆填场（图 1-12）。亟须全面部署矿山地质环境恢复和综合治理调查，防止因采矿导致地质灾害发生和生态功能退化。

图 1-12　茂名市茂南区羊角镇爱群村附近矿山开采影像

1.2.3　巩固先行先试经验成果，顺应生产力布局调整进程

　　2024 年 1 月，习近平总书记在主持中共中央政治局第十一次集体学习时强调发展新质生产力是推动高质量发展的内在要求和重要着力点，深刻指出新质生产力由技术革命性突破、生产要素创新性配置、产业深度转型升级而催生，特点是创新，关键在质优，本质是先进生产力。

　　全域土地综合整治以城乡区域协调发展完善内部循环体系，根据各地区条件合理分工、优化发展，畅通产业循环、市场循环和经济社会循环，落实高质量发展，是生产要素创新性配置的具体实践，是发展新质生产力、推进重大生产力布局优化、提高土地要素配置精准性和利用效率的有力保障。伴随整治系列工作的相继开展，顺应广东省生产力布局的调整进程，把珠三角地区的产业、科技、人才等资源要素导入粤东西北地区，为其发展注入源源不断的新动能，也为珠三角地区拓展了战略空间。对于推动各地打好特色牌、协作牌，促进珠三角地区产业向粤东西北地区的有序梯度转移，防止新兴产业出现重复投资和过剩产能，起到了积极效应。

广东省在农用地整理、建设用地整理及生态保护修复方面具有先行先试的实践经验和成果，全面铺开的现实基础已具备。通过统筹实施全域土地综合整治，进一步优化区域内生产要素分布和组合，在提升地区生产总值、促进固定资产投资、提高税收、丰富就业、提高农民收入等五个方面均有很大贡献。

1. 农用地整理项目成效

开展垦造水田是广东省深入贯彻落实党中央、国务院关于加强耕地保护和规范占补平衡，坚决遏制耕地"非农化"、严格管控"非粮化"的重大举措。2008—2012年，广东省通过开发低效园地和山坡地方式补充耕地，有力破解了耕地占补平衡难题。2017年以来，全省开创性推进垦造水田，有效保障了200多个重大项目的水田占补平衡。同时，建立利益平衡机制，交易水田指标超过10万亩，各级财政收入增加超过400亿元。截至2023年11月，全省累计已动工垦造水田项目共49.69万亩，其中已完工45.11万亩，已发验收意见函37.3万亩，已移交种植管护37.13万亩。

案例专栏1-5 ▶

汕头市澄海区溪南镇东社村垦造水田

作为省级实施项目，由农业龙头企业实施规模化、集约化承包生产，形成了"种植、收割、运输、储藏、销售"一条龙现代化生产模式。项目亮点：基础配套设施完善。项目建设成为水稻新优品种示范区和水稻高产田片示范区，方便农民耕作需要，具备打造成农业观光基地的潜力（图1-13）。

图 1-13　汕头市澄海区溪南镇东社村垦造水田项目

> **案例专栏 1-6**

梅州市梅县区松口镇下坪村垦造水田项目

实施了土地平整、土壤改良、灌溉与排水、田间道路等系统性工程。引入现代龙头企业——梅州丰盈乐农业发展有限公司承包种植,一年种植双造水稻。项目亮点:创新合作模式,弘扬特色文化。项目所在镇积极动员在外乡贤回乡创业,将"镇企合作"作为推动"一村一品、一镇一业"发展格局的重要抓手,深化"公司＋基地＋农户"的合作模式,加快推进农业农村现代化进程(图1-14)。

图 1-14　梅州市梅县区松口镇下坪村垦造水田项目

2. 建设用地整理项目成效

广东省在建设用地整理方面有一定的实践基础,主要聚焦在"三旧"改造、村镇工业集聚区升级改造、拆旧复垦三方面,其有力支撑了广东城乡建设发展需求,有效增加了各级财政收入。积极推动建设用地整理,加快推进村庄搬迁安置与遗留宅基地拆旧复垦,盘活建设用地并使之规模减量化,提升农村建设用地的空间效益和集约化水平,以支持乡村新产业、新业态融合以及人居环境改善,促进农村高质量发展。

(1)"三旧"改造方面

建设用地集约节约利用是土地综合整治的重要目标,广东省在全国率先开展"三旧"改造(即旧城镇、旧厂房、旧村庄改造)工作,在盘活存量土地资源方面发挥了积极作用,为国家建立城镇低效用地再开发制度提供了"广东经验"。目前,全省纳入"三旧"改造标图入库面积281.4万亩,其中,旧厂房面积121.56万亩,占比43.2%;旧村庄面积86.67万亩,占比30.8%;旧城镇面积73.16万亩,占比26%。已实施"三旧"改造110万亩,还有174.1万亩待改造"三旧"用地。

(2)村镇工业集聚区升级改造方面

珠三角地区开展村镇工业集聚区升级改造攻坚行动,2020年以来累计完成改造面积2.7万亩,有效为"制造业当家"腾挪发展空间,使产业发展空间布局更为科学、产业发展质量效益显著提高。

(3)拆旧复垦方面

拆旧复垦有效解决了农村建设用地闲置低效等问题,促进扶贫开发和易地扶贫搬迁,提升乡村风貌,助推乡村振兴。粤东、粤西、粤北地区深入推进农村拆旧复垦,2018年以来累计完成15.3万亩,成交额455.4亿元。

案例专栏1-7 ▶

广州市海珠区琶洲村城中村综合改造

琶洲村是广州市"三旧"改造首先启动的九个村落之一,改造后相关指标"一降四升",建筑密度由62%下降到18%、绿地率由4%提升到46%、市政用地由2%增加到16%、公建配套面积比例由0.8%增加到6%、村民收入大幅增加。项目亮点:基于功能定位优化空间布局。琶洲村按照"一轴四区"

的功能结构细分，建设成为商贸与休闲汇集的会展东翼、品质与文化兼具的国际高端城区。

> **案例专栏 1-8** ▶
>
> 云浮市新兴县天堂镇朱所村拆旧复垦
>
> 2018年8月，朱所村按照乡村振兴战略总要求，开展拆旧复垦工作。77.2606亩拆旧复垦用地于2019年3月成功交易，为农户和村集体带来3000多万元的可观收益，为朱所村发展奠定了坚实基础。项目亮点：利用此次复垦指标获得了收益，整合人文历史、特色产业等资源大力发展旅游经济。

3. 生态保护修复项目成效

广东省先后印发实施《广东省国土空间生态修复规划（2021—2035年）》《广东省重要生态系统保护和修复重大工程总体规划（2021—2035年）》。2019年以来，全省投入国家和省专项资金超过76亿元，累计完成红树林营造修复5.3万亩、海岸线修复45.2千米、历史遗留矿山生态修复1.9万亩。

> **案例专栏 1-9** ▶
>
> 深圳市大沙河生态长廊生态修复
>
> 项目于2018年1月开工，2019年10月开放，建设范围全长约13.7千米，总面积约95万平方米。项目改变了大沙河以往仅作为城市排洪调蓄为主的功能性"渠道"用途，集城市景观、生态保护、水上文化和防洪安全于一体，成为深圳最美的景观河和最大的滨水慢行系统（图1-15）。

图 1-15 深圳市大沙河生态长廊生态修复项目

案例专栏 1-10

茂名市油页岩矿区矿山地质环境治理

茂名市充分利用原油页岩矿旧厂房进行改造，保留有价值的建筑，保护工业遗产，打造具有茂名矿业特色的文化科普项目。通过植被复绿、矿山地质环境治理、水土保持等生态修复工程美化矿区环境，从根本上改善矿坑湖水体质量，将其建设成为备用水源，满足周边耕地灌溉需求（图1-16）。

图1-16　茂名市油页岩矿区矿山地质环境治理项目

4. 广东开展全域土地综合整治的实践探索

立足省情，广东省谋划推动了21个国家级和21个省级全域土地综合整治试点（图1-17）。截至2024年5月，已完成投资约553亿元，已完成农用地、建设用地整理和生态保护修复面积依次为5.8万亩、4.2万亩和32.8万亩，完成新增耕地1.7万亩，腾退建设用地0.4万亩，并在工作内容、政策制度、实施路径等方面初步形成可复制、可推广的全域土地综合整治经验方案。自开展扩面提质工作以来，新申报项目154个，计划总投资涉及6393亿元，计划开展农用地整理合计160.96万亩，建设用地整理36.72万亩，生态保护修复185.35万亩。计划新增耕地合计37.71万亩，腾退建设用地9.58万亩。

在工作内容方面，各试点积极开展实践探索涵盖农用地整理、建设用地整理和生态保护修复等，并取得了阶段性的工作成效。例如国家级试点中山市三乡镇划定整治区域约12.11万亩，截至2023年底，已开工项目20个，已完成竣工验收项目12个，四大低效工业园区改造已整备超1383亩产业用地，已施工垦造水田项目698亩，连片100亩以上耕地面积占比由70.16%增长至81.31%；国家级试点惠州市龙门县划定整治区域总面积4.6万亩，鹤山村民小组完成整村搬迁，建成1200亩高标准农田，持续开展矿山生态修复，建成1个绿色矿山。

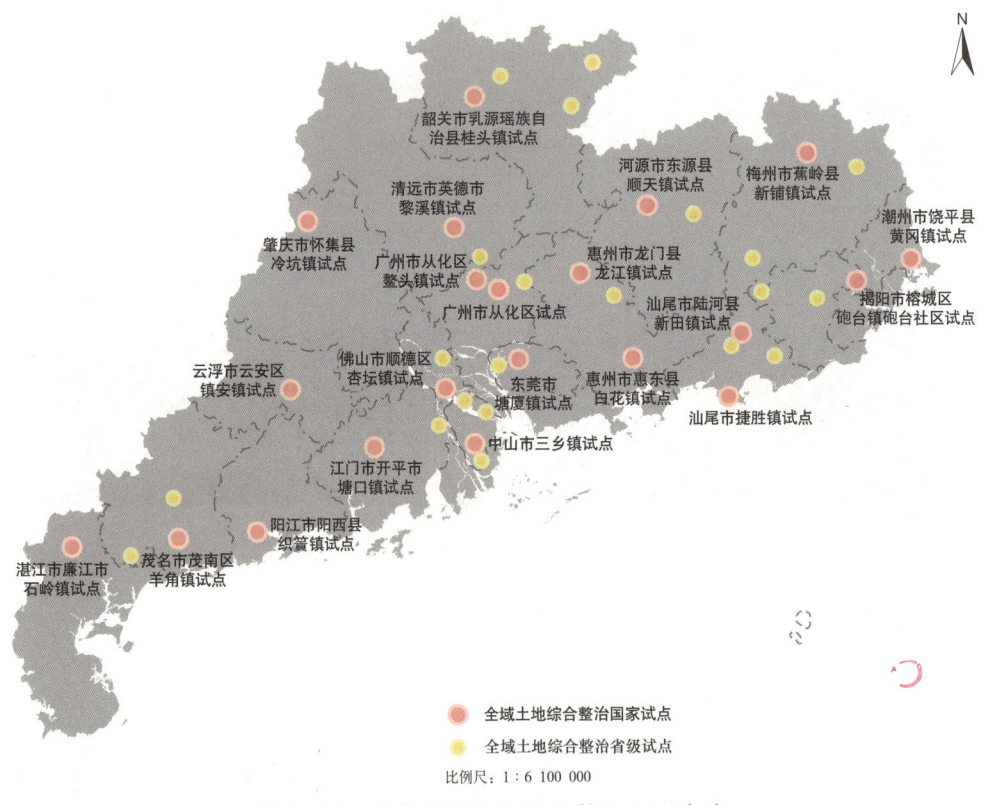

图1-17 广东全域土地综合整治试点分布

在政策制度方面，各试点根据自身情况积极创新地方政策制度，助力推动全域土地综合整治。例如广州市从化区出台《广州市从化区关于以全域土地综合整治促进乡村振兴实现高质量发展的十条措施》，从规划引领、用地保障、耕地保护、农村建设用地集约节约利用、留用地高效开发、乡村建设项目规划报建、乡村生态保护修复综合整治、历史文化资源活化利用、涉农资金整合、农民权益保障等 10 个方面，立足整治任务，破解发展难题，为高质量发展提供要素支撑。

在实施路径方面，广东省在全域土地综合整治实践中，各试点因地制宜，根据不同的地理位置所展示的地理特征，结合现状迫切需要解决的主要矛盾和实现未来城市发展的目标，制定差异化个性化的实施方案和实施机制。例如高州市通过重整万亩土地以激活"交易＋运营"多重收益、佛山市南海区探索通过"三券"制度腾挪发展空间、惠州市龙门县以矿山生态修复为重点统筹资源开发和生态保护。

案例专栏 1-11 ▶

佛山市南海区探索"三券"制度推动全域土地综合整治

为扎实推进全域土地综合整治工作，落实建设广东省城乡融合发展改革创新实验区要求，佛山市南海区立足于低效零散建设用地腾退、产业用地集聚提升及生态用地精细修复需求，于 2022 年 8 月出台《佛山市南海区人民政府办公室关于开展"三券"推动全域土地综合整治的指导意见》，探索建立地券、房券以及绿券制度（图 1-18），通过构建利益平衡机制，激发市场主体参与，破解土地利用碎片化问题，推动逐步实现国土空间腾挪和土地集中归并。

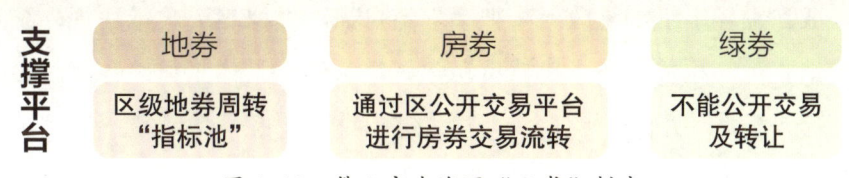

支撑平台	地券	房券	绿券
	区级地券周转"指标池"	通过区公开交易平台进行房券交易流转	不能公开交易及转让

图 1-18　佛山市南海区"三券"制度

1.3 新时期全域土地综合整治的新要求

习近平总书记强调，新质生产力是创新起主导作用，摆脱传统经济增长方式、生产力发展路径，具有高科技、高效能、高质量特征，符合新发展理念的先进生产力质态。它由技术革命性突破、生产要素创新性配置、产业深度转型升级而催生，以全要素生产率大幅提升为核心标志。土地是最根本、最基础的自然生产力，目前广东省部分土地存在"四化"问题，应聚焦聚力"百千万工程"，突出抓好重点区县、典型镇、特色村建设，全面拓展新质生产力的广阔空间。通过全域土地综合整治进行土地要素的创新性配置，腾挪"三生"空间、优化生产力布局，进而催生新质生产力。

2023年4月，习近平总书记在广东考察时提出"推进中国式现代化，必须全面推进乡村振兴，解决好城乡区域发展不平衡问题。要坚持走共同富裕道路，加强对后富的帮扶，推进乡风文明，加强乡村环境整治和生态环境保护，让大家的生活一年更比一年好"，对新时期乡村振兴工作明确发展方向。全域土地综合整治工作是实现乡村振兴的重要环节，在新的时代背景下，需要在组织领导、规划引领、政策支撑、资金保障、任务实施及成效验收等方面提出新要求，进一步明确面向新要求的全域土地综合整治新方向。

1.3.1 建立贯通联动的组织体系与运作机制

广东省土地整治组织体系建设尚不完善，高位推动机制还未贯通到基层，县镇村上下联动不足，组织推进合力不强。横向各部门协同机制尚未健全，主要靠自然资源部门单打独斗，不仅存在技术壁垒，甚至存在信息壁垒，可能会出现重复投资、工程相互冲突的情况。

全域土地整治是一项系统化、长期性的工程，开展工作时涉及自然资源、农业、水利、林业、财政和审计等多个部门，这就需要建立各部门间的联动机制，成立领导小组，党政"一把手"亲自抓，根据相关政策法规，统筹并部署土地整治的相关任务。自然资源部门牵头落实具体工作，各部门要密切配合、统一部署，明确目标任务、整治区域及相关内容，合理选择整治区域，精细谋划，搭建综合整治工作网络，在项目立项、行政审批、资金统筹等方面加强沟通协调，建立联审联批机制，多维度共同配合下形成工作合力，推进整治工作有序开展。

1.3.2 完善全域统筹规划的编审与实施路径

2023年8月，《广东省国土空间规划（2021—2035年）》获国务院批复实施，各地各级国土空间规划正在审批编制的过渡期。实施全域土地综合整治需要集中连片、整村推进，对农村地区的国土空间进行全域布局优化。而农村地区受土地利用总体规划、城市总体规划、村庄规划等规划管控，需要对各类规划进行修改才能开展用地布局优化。同时，过去农村地区的规划是在增量扩张背景下编制的,以自上而下的行政指令型为主,易忽略地方和村民的实际需求,缺乏对土地权属调整和土地收益平衡的考虑,难以适应全域土地综合整治对现状用地布局结构的调整重构需要。

因此,全域土地综合整治实施方案作为国土空间规划的落实抓手,应充分衔接国土空间规划及其他专项规划,突出抓好县(市、区)国土空间总体规划和镇村规划的编制、优化及实施,切实发挥好规划引领作用,在空间和时间、数量和质量、规模和结构等方面拓展纵深。开展全域土地综合整治的乡镇,镇村国土空间规划编制时要充分衔接整治实施方案。

1.3.3 构建系统集成的政策引导与支撑体系

目前,广东省的政策支撑体系暂未完善,发挥集成协同效力。建立系统集成的政策支撑体系有两个障碍。一是权属调整缺乏政策路径:由于广东省特别是珠三角地区国有土地与集体土地相互交错现象较为普遍,权属调整不仅包括集体土地使用权之间的调整,而且涉及村与村之间的集体土地所有权调整,以及集体土地所有权与国有土地所有权之间的调整,现行土地权属调整的制度体系在操作性、实用性方面仍待完善,特别是针对土地权属调整的适用范围、调整依据、调整原则、调整程序、调整后涉及的不动产登记等方面需加强制度设计。二是永久基本农田调整难:全域土地综合整治试点政策仅允许在一定情形下调整优化永久基本农田,且被限制在整治区域的镇域、村域范围内,约束了为腾挪空间而进行的永久基本农田调整。

应聚焦试点中出现的难点问题,坚持问题导向,省层面出台关于推进全域土地综合整治助力"百千万工程"的文件,配套制定出台实施方案,在土地管理、乡镇建设、农村管理、产业商贸、财政支持等方面制订多项细化的政策措施,同频共振、协同发力,纵深推进城乡区域协调发展。各地结合本地区实际情况,在省有关文件的基础上研究出台实施意见、管理办法等,尤其是针对辖区内建设用地整理涉及的搬迁安置补偿机制,保障村民收益不降低。

1.3.4 完善多元资金统筹与收益分配机制

受复杂严峻国际形势影响,我国经济面临压力增大,地方财政增速逐步放缓。全域土地综合整治前期投入大,项目周期较长,收益较慢,存在试点资金过度依赖指标收益、社会资本投入力度不足的现象，如广东省全域土地综合整治申请的 42 个试点项目中，社会资本占总投资的比例超过 50% 的项目仅有 7 个，其余项目大部分投资均依靠政府财政资金支持。

应建立金融支持、多元投入的资金保障体系，探讨"政府出一点、银行贷一点、社会投一点、指标卖一点"等多种方式，构建"政府引导资金＋专项债＋政策性金融＋社会资金"的多元资金参与模式，力争实现政府、企业、村户三方共赢。当前广东省全域土地综合整治中部分项目（如垦造水田、拆旧复垦、"三旧"改造等）收益较好，对于投资人具有一定的吸引力，而如乡村生态保护修复、环境治理等项目收益少甚至无收益。以生态保护修复为例，现行制度对其补偿尚未有明确规定，通过整治修复提升生态系统价值的获取收益途径尚不明晰且回报周期较长，导致镇村开展生态保护修复工作的积极性不高，生态保护修复市场化运作的内生动力不足。整治路径与需求的失衡，不仅会割裂整治区域的整体性和系统性，也不利于全域土地综合整治目标的实现，应在不增加地方隐性债务的前提下，依法合规地建立全域土地综合整治融资路径，完善各类土地指标收益分配机制。

1.3.5 推动低效用地腾退与跨区域增存挖潜

广东省低效建设用地量大、面广，腾退整体任务重、阻力大。首先，现行拆旧复垦和增减挂钩项目民意调查流程复杂、协调成本高，拖慢项目申报立项进度；其次，腾退低效建设用地产生的复垦指标形成及下发周期长，导致区域内部分重点项目、基础设施项目、民生工程项目因缺乏用地指标迟迟不能落地，较大程度降低镇村参与低效建设用地腾退复垦的意愿；最后，低效建设用地以零散分布的村级工业园为主，且多位于村边、田边、路边、河边，地块面积较小，受复垦地类及面积限制导致立项难，低效建设用地腾退范围受限，制约构建空间集聚区新格局目标的实现。

建设用地资源配置在与地方资源环境承载力相适应的同时，还需与人口总量和流动趋势相匹配，以缓解人口流入地区人地关系的矛盾，提升人口流出地区的土地利用水平，避免出现两极分化。在欠发达地区，市场动力不足导致存量挖潜工作推进缓慢，亟须建立跨区域的"增量—存量"机制，将用地紧张地区的建设用地指标需求与人口流出地区的存量低效用地复垦指标挂钩，以达到缓解部分地区用地指标紧缺、推动存量低效用地潜力释放的目标。建议进一步扩大挂钩范围，推动城、镇、村的低效存量用地指标进行区域挂钩。

1.3.6 统筹规范标准与完善评估机制

全域土地综合整治包括农用地整理、建设用地整理以及生态保护修复等方面，涉及子项目类型多、领域广，项目复杂、综合性强。梳理我国已出台关于全域土地综合整治子项目验收可依据的标准文件发现，部分子项目有验收规范标准，但整体验收机制仍不完善，缺少统筹性验收标准（图1-19）。同时，在各地整治成效评估过程中，评价标准不一、评价指标不一，导致评价结果差异大、难比较，全域土地综合整治总体的成效评估面临困难。验收工作标准已有一定基础，各省市全域土地综合整治试点验收工作仍处于探索层面，广东省土地整治中心也持续编制完善验收的相关技术规范。

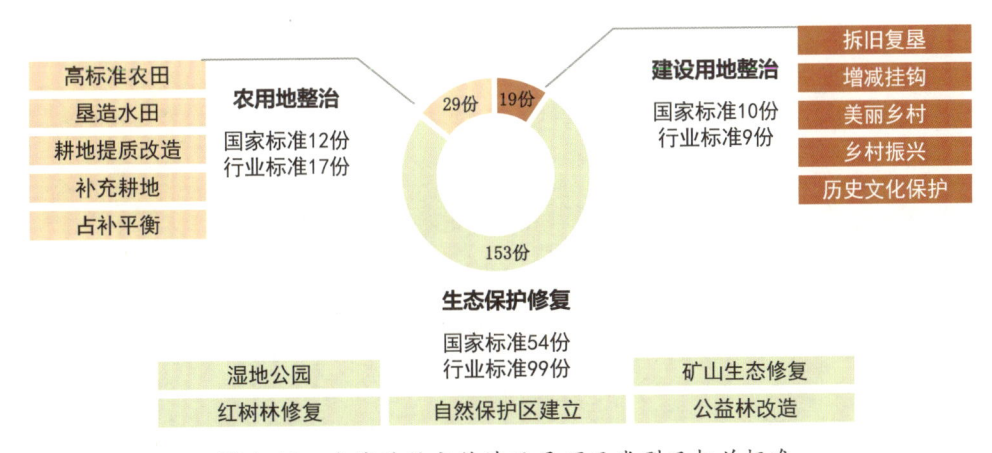

图 1-19　全域验收文件涉及子项目类型及相关标准

应探索建立"政府主导、农民主体、部门协同、市场化运作"的多元主体参与的工作机制，发挥农村集体组织主体作用，鼓励村民参与试点规划、施工、验收、后期管护全过程。试点的成效评估指标设置应充分征求各方意见，充分利用社交媒体，适量设置村民看得懂、便于理解、易掌握的"亲民性指标"，做到信息与群众互通，整治成果与村民共享（图1-20）。

完善成效评估机制

探索建立多元主体参与机制	发挥农村集体组织主体作用	创新整治成效评估模式
政府主导	尊重村民意愿	征求各方意见
农民主体	鼓励村民参与	利用社交媒体
部门协同	支持村民自建	设置亲民性指标
市场化运作		信息互通与共享

图 1-20 成效评估机制构建

第二章 任务篇

深入推进全域土地综合整治，是中央有部署、发展有需要、实践有基础的战略性工作，也是新时代土地管理事业的新创举，可以有效破解部分地区空间布局无序化、耕地碎片化、土地利用低效化、生态功能退化的"四化"问题。围绕"百县千镇万村高质量发展工程"部署要求，全域土地综合整治锚定"良田连片、村庄集中、产业集聚、生态优美"目标，明确"落规划""腾空间""增耕地""优生态""强活力"五大重点任务的具体内容，厘清县镇村各级工作侧重点，推动目标任务化。

具体而言，通过对原本细碎的耕地进行整治，合理腾挪田坎、沟渠、道路，引入现代农业设施等先进生产力，适应现代农业规模化、产业化发展要求，实现"良田连片"；通过对原本人居环境较差的村庄进行整治，解决目前存在的"一户多宅"、建新不拆旧、有新房没新村、有新村没新貌等问题，满足人民对美好生活的向往，实现"村庄集中"；通过对原本低效的村级工业园等建设用地进行整治，使土地的单位地区生产总值建设用地使用面积（地耗）降低，推动制造业当家，实现"产业集聚"；通过对原本生态系统受损退化的地区进行整治，坚持山水林田湖草沙一体化保护和系统治理，构建从森林到海洋的生态保护全域格局，协同推进降碳、减污、扩绿、增长，推进生态优先、节约集约、绿色低碳发展，实现"生态优美"。

2.1 落规划，构筑"走在前列"的空间格局

2.1.1 国土空间规划体系基本情况

建立国土空间规划体系并监督实施，是将主体功能区规划、土地利用规划、城乡规划等空间规划融合为统一的国土空间规划，实现"多规合一"，强化国土空间规划对各专项规划的指导约束作用，是党中央、国务院做出的重大部署。

> **知识专栏 2-1**
>
> 国土空间规划是国家空间发展的指南、可持续发展的空间蓝图，是各类开发保护建设活动的基本依据。下级国土空间规划要服从上级国土空间规划，相关专项规划、详细规划要服从总体规划；不在国土空间规划体系之外另设其他空间规划，以国土空间规划为依据，对所有国土空间分区分类实施用途管制。

1. 原有的规划体系

原来的主体功能区规划、土地利用规划、城乡规划分别具有各自的功能：主体功能区规划指对不同区域的资源环境承载能力、现有开发密度和发展潜力等要素进行综合分析的基础上，将特定区域确定为具有特定主体功能的地域空间单元的规划；土地利用规划指各级人民政府对本行政区域土地开发、利用、治理和保护所作的总体安排和布局；城乡规划是以促进城乡经济社会全面协调可持续发展为根本任务、促进土地科学使用为基础、促进人居环境根本改善为目的，涵盖城乡居民点的空间布局规划。原有的规划包括城镇体系规划、城市总体规划、专项规划、详细规划、镇（乡）规划和村庄规划六大类。根据2019年修正的《中华人民共和国土地管理法》第十八条，经依法批准的国土空间规划是各类开发、保护、建设活动的基本依据。已经编制国土空间规划的，不再编制土地利用总体规划和城乡规划。

2. "五级三类"的国土空间规划体系

2019年，国家推进"多规合一"规划体系改革，提出了"五级三类"的国土空间规划体系（图2-1），取代了原来主体功能区规划、土地利用规划、城乡规划等各类规划，具体为：

第二章 任务篇

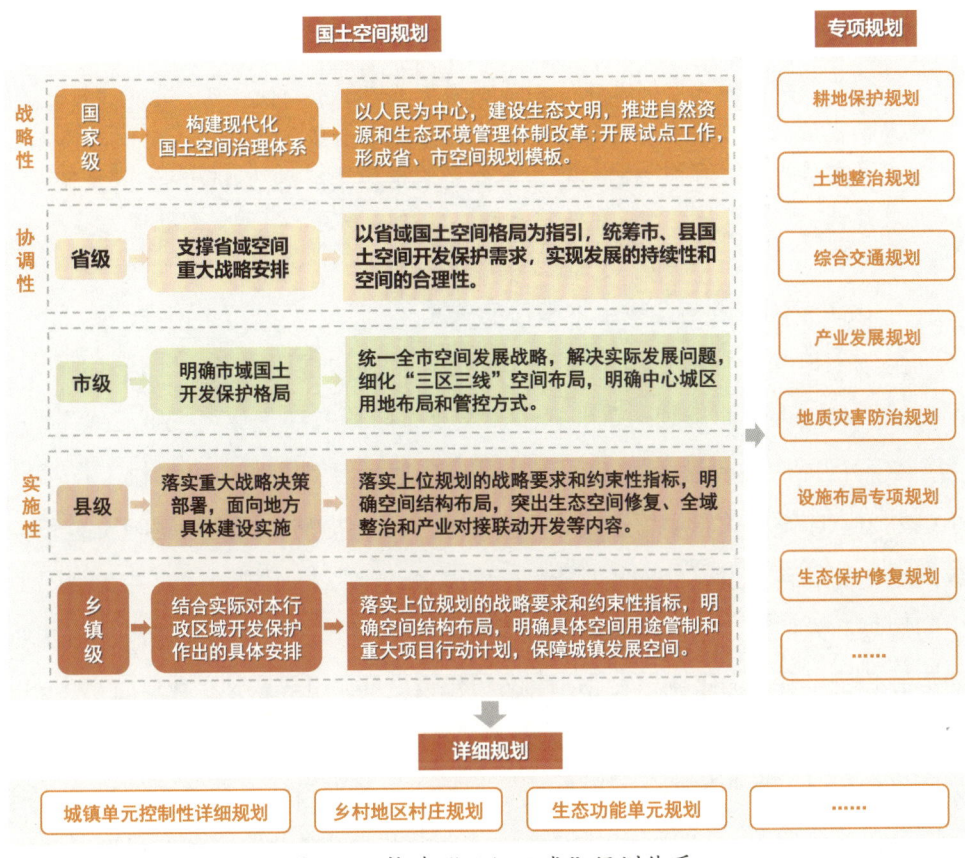

```
                        国土空间规划                          专项规划

战略  国家级 → 构建现代化   以人民为中心，建设生态文明，推进自然资      耕地保护规划
性          国土空间治理体系  源和生态环境管理体制改革；开展试点工作，
                            形成省、市空间规划模板。                    土地整治规划

协调  省级  → 支撑省域空间   以省域国土空间格局为指引，统筹市、县国       综合交通规划
性          重大战略安排    土空间开发保护需求，实现发展的持续性和
                            空间的合理性。                              产业发展规划

            明确市域国土    统一全市空间发展战略，解决实际发展问题，
      市级 → 开发保护格局   细化"三区三线"空间布局，明确中心城区       地质灾害防治规划
                            用地布局和管控方式。

实施                        落实上位规划的战略要求和约束性指标，明       设施布局专项规划
性    县级 → 落实重大战略决策 确空间结构布局，突出生态空间修复、全域
            部署，面向地方   整治和产业对接联动开发等内容。
            具体建设实施                                               生态保护修复规划

            结合实际对本行   落实上位规划的战略要求和约束性指标，明
      乡镇级→ 政区域开发保护 确空间结构布局，明确具体空间用途管制和       ……
            作出的具体安排   重大项目行动计划，保障城镇发展空间。

                          详细规划

      城镇单元控制性详细规划    乡村地区村庄规划    生态功能单元规划    ……
```

图 2-1 构建"五级三类"规划体系

"五级"：从纵向看，对应我国的行政管理体系，分五个层级，就是国家级、省级、市级、县级、乡镇级，其中国家级规划侧重战略性，省级规划侧重协调性，市级、县级和乡镇级规划侧重实施性。

"三类"：是指规划的类型，分为总体规划、详细规划、专项规划。总体规划强调的是规划的综合性，是对一定区域，如行政区全域范围涉及的国土空间保护、开发、利用、修复做全局性的安排。详细规划强调实施性，一般是在市、县以下组织编制，是对具体地块用途和开发强度等做出的实施性安排；其中在城镇开发边界外，将村庄规划作为详细规划。专项规划强调专门性，一般是由自然资源部门或者相关部门来组织编制，可在国家级、省级、市级和县级层面进行编制，特别是对特定的区域或者流域，或者特定领域，为体现特定功能对空间开发保护利用做出的专门性安排。

知识专栏 2-2

县、镇级的国土空间总体规划是规划范围内国土空间保护、开发、利用、修复做出的总体安排和综合部署，是对国家级、省级和市级国土空间总体规划以及市级以上专项规划的细化落实，是制定区域空间发展政策、指导各类开发建设、开展国土空间资源保护利用修复和实施国土空间规划管理的蓝图。

3. 国土空间规划与全域土地整治的关系

全域土地综合整治是国土空间规划传导实施的重要路径，既是落实"三区三线"和国土空间规划的重要抓手，又是下阶段有序优化"三区三线""三生"空间格局的重要途径。2024年2月，自然资源部会同中央农村工作领导小组办公室印发《关于学习运用"千万工程"经验提高村庄规划编制质量和实效的通知》（自然发〔2024〕1号），明确各地要以村庄规划（或县乡级国土空间规划）为依据，用好全域土地综合整治、城乡建设用地增减挂钩、主体功能区等政策工具，优化乡村农业、生态和建设空间，引导耕地"数量质量生态"系统连片保护、各类建设用地高效集聚。因此开展全域土地综合整治要突出规划的引领作用，切实维护"三区三线"划定成果的严肃性，在该工作开展过程中必须加强与国土空间规划的有效衔接，通过落实和优化"三区三线"以及国土空间规划，通过项目实施也可以对国土空间规划提供反馈和适度优化。

政策专栏 2-1

《自然资源部关于做好城镇开发边界管理的通知（试行）》（自然资发〔2023〕193号）（节选）

一、坚决维护"三区三线"划定成果的严肃性和权威性。严格城镇开发边界范围内耕地和永久基本农田保护，确需对永久基本农田进行集中连片整治的，原则上仍应以"开天窗"方式保留在城镇开发边界范围内，且总面积不减少；确需调出城镇开发边界范围的，应确保城镇建设用地规模和城镇开发边界扩展倍数不扩大。二、推动城镇开发边界划定成果精准落地实施。在严格落实耕地保护优先序，确保城镇建设用地规模和城镇开发边界扩展倍数不突破的前提下，可对以下几种情形的城镇开发边界进行局部优化……（五）已批准实施全域土地综合整治确需优化调整城镇开发边界的……

2.1.2 广东省国土空间规划的推进与全域土地综合整治

1. 当前广东省国土空间规划推进情况

2023年8月8日，国务院批复《广东省国土空间规划（2021—2035年）》，该规划要求到2035年，广东省耕地保有量不低于2751万亩，其中永久基本农田保护面积不低于2523万亩；生态保护红线面积不低于5.07万平方千米，其中海洋生态保护红线面积不低于1.66万平方千米；城镇开发边界扩展倍数控制在基于2020年城镇建设用地规模的1.3倍以内；单位国内生产总值建设用地使用面积下降不少于40%；大陆自然岸线保有率不低于国家下达任务，其中2025年不低于36.4%；用水总量不超过国家下达任务，其中2025年不超过435亿立方米；除国家重大项目外，全面禁止围填海；严格无居民海岛管理。

《广东省国土空间规划（2021—2035年）》提出系统优化国土空间开发保护格局，广东要发挥比较优势，优化主体功能定位，完善差别化支持政策。严格保护耕地和永久基本农田，确保良田粮用，优化南粤精细农业布局，保障区域粮食和重要农产品安全供给，促进城乡空间功能融合，建成一批特色鲜明、辐射带动能力强的乡村振兴示范带，为建设宜居宜业和美乡村提供"广东样板"。

截至2023年10月，广东省17个需省人民政府批准的市级国土空间总体规划已全部获批，需报国务院审批的广州、深圳、佛山、东莞等4市的国土空间总体规划成果也已全部呈报国务院，标志着广东省在构建支撑高质量发展的国土空间规划体系上进入了崭新阶段。

2. 规划引领全域土地综合整治试点情况

广东省积极响应自然资源部的部署全力推进全域土地综合整治试点工作，在《关于推进全域土地综合整治试点工作的通知》中明确支持试点地区乡镇国土空间规划先编、先报、先批、先用。

试点方案编制方面，各试点均已完成全域土地综合整治试点实施方案报送，各试点所在县（区、市）都已完成了"三区三线"的划定。部分试点的全域土地整治试点实施方案与镇级国土空间总体规划的相关衔接较好。既充分落实了规划中的空间格局优化、资源配置优化、乡村振兴支撑等方面的内容，并针对相关分析成果进一步深化调整，又在土地整治项目和项目空间布局方面，基本落实了镇级国土空间总体规划中的内容，主要增补了土地整治类的项目，调整了部分项目空间布局，细化了部分未明确选址项目的空间位置。同时，在编制组织、编制深度和编制积极性方面，也还存在一些难点堵点。

3. 广东省空间规划工作下一步工作安排

广东省已启动镇村国土空间集成规划编制实施试点工作，《广东省自然资源厅关于推进镇村国土空间规划编制实施，助力"百县千镇万村高质量发展工程"的通知》（粤自然资规划〔2023〕2202号），明确镇级国土空间总体规划可单独编制或以及各镇（街道、乡）为单元联合编制，按需编制实用性村庄规划。纳入镇村国土空间基础规划试点镇，要以详细规划的深度编制，42个全域土地综合整治试点申报即纳入集成规划试点，鼓励按需编制。

根据《广东省自然资源厅关于推进市县国土空间相关专项规划编制及管理工作的通知》（粤自然资函〔2023〕765号），全域土地综合整治规划已纳入专项规划目录清单管理，鼓励各地在编制时根据整治项目确定相应的空间性内容。规划成果经批准实施后，纳入同级国土空间基础信息平台，叠加到国土空间规划"一张图"上。

2.1.3 "县镇村"开展全域土地综合整治在"落规划"中的工作要点

1. 县域：关键在落实规划实现价值

县级人民政府是全域土地综合整治实施的责任主体，全面组织实施全域土地综合整治工作，需要以"一张蓝图干到底"的定力进行全局谋划，推动县域高质量发展。因此在落实省、市级国土空间规划底线管控要素的基础上，以"三区三线"为本底，要突出全域设计、统筹谋划的作用，明确县域全域土地综合整治各类图斑、重大土地整治项目、生态修复项目（县际和跨镇域）以及各乡镇片区全域土地综合整治的重点方向。既要编好县域国土空间总体规划，又要组织指导好乡镇国土空间总体规划和村庄规划的编制工作。通过全域土地综合整治推进国土空间规划落地实施，健全县镇村规划体系。推动县级国土空间规划准确落地实施，运用好"三区三线"划定成果，统筹县城、乡镇、村庄规划建设。以县域国土空间总体规划为引领，推动乡镇国土空间总体规划、村庄规划一体编制，探索以详细规划的深度编制乡镇国土空间规划。

2022年5月，广东省自然资源厅印发《广东省县级国土空间总体规划编制技术指南（试行）》，明确了县级国土空间规划中"国土整治修复"部分内容的要求，重点强调生态保护修复和土地综合整治内容。

生态保护修复：明确县域生态保护修复的目标任务和策略路径，提出水生态修复、山体修复、林地修复、土地退化与污染修复、自然保护地生态修复、矿山生态修复、海洋生态修复等重点工程和实施区域。

土地综合整治：明确本县土地综合整治的目标任务和策略路径，提出城市更新（"三旧"改造）、农用地整理、高标准农田建设、农村建设用地拆旧复垦、城乡建设用地增减挂钩等重点工程和实施区域。进行耕地后备资源评价和耕地恢复调查评估，划定耕地整备区范围，明确耕地开垦、水田垦造和耕地恢复的目标和重点工程。

县级人民政府应依据县级和乡镇国土空间规划，组织本县域内乡（镇）人民政府在充分分析群众诉求、问题现状、发展需要、布局优化需求、资金保障和实施能力等基础上，扎实开展基础调查，厘清土地利用总体布局、资源禀赋、权属现状、布局优化方向和工作基础等，综合判断实施全域土地综合整治的必要性和可行性。

实施全域土地综合整治应以县域为统筹单元，选择确有实施需求并具备实施条件的乡镇，合理划分整治单元，妥善安排整治任务和实施时序，成熟一个，实施一个。一般应结合乡（镇）国土空间规划的实施，以一个乡（镇）为整治单元；在一个乡（镇）范围内资源要素、资金收支确实难以平衡的，可结合流域、区域自然地理条件等实际情况，探索开展跨乡（镇）整治。

2. 镇域：关键在引领功能结构优化

镇域是全域土地综合整治的具体实施主体，要发挥镇级国土空间总体规划在县镇村规划体系中承上启下的功能，构建以项目和功能分区为抓手的镇级国土空间总体规划，形成切实反映村民发展诉求的镇级国土空间总体规划，提升底图分析精度，有效衔接县级规划目标定位与功能布局，并为村级项目实施提供了规划依据。

乡（镇）人民政府及有关部门要科学合理编制实施镇级国土空间规划，统筹考虑土地利用、产业发展、居民点建设、人居环境整治、生态保护、防灾减灾和历史文化保护传承等因素，科学合理推动镇域国土空间开发、保护和整治。在基础调查、问题诊断等基础上，以满足底线要求为前提，依据国土空间规划确定的总体格局和相关专项规划确定的工作布局，以功能利用为导向，合理提出空间布局优化措施，确定全域土地综合整治目标和整治标准，明确整治内容和项目安排，实施方案涉及的整治内容纳入乡（镇）级国土空间规划。涉及的"三区三线"优化、建设用地拆旧建新整合盘活利用、权属调整等各类方案应统一纳入全域土地综合整治实施方案。

案例专栏 2-1 ▶

梅州市蕉岭县新铺镇探索以详细规划深度编制总体规划

新铺镇以详细规划深度编制构建以项目和功能分区为抓手的镇级国土空间总体规划，按县域统筹、整镇推进、镇村并举的原则，重点对镇级实施方案进行深化和细化，组织了城乡增减挂钩、高标准农田建设、水环境治理等多个项目调研及论证会，让村民积极参与方案编制的全过程。该规划以详细规划深度编制，提升底图分析精度，并以项目布局的形式实施存量规模腾挪。

3. 村域：关键在差异化实施方案制定、做好农村建设用地管理

村域是全域土地综合整治的直接受益单元，推进有条件有需求的村庄规划编制落实，需要同步做好农村建设用地管理，把宅基地、留用地、产业用地管好用好。一是要做好宅基地布局，为农村宅基地改革工作夯实基础，引导农民依法依规进行农房建设，并通过规划鼓励宅基地复合利用，充分挖掘存量土地资源潜力，拓展农村产业项目用地空间。二是布局好留用地、产业用地，探索征收农村集体土地留用地高效开发利用、乡村振兴用地保障政策的有效落地路径，全力保障乡村振兴用地需求。

根据《国家乡村振兴战略规划（2018—2022年）》提出对于村庄分类的要求，可将村庄划分为集聚提升类、城郊融合类、特色保护类、搬迁撤并类、生态保护类等五类，开展多元化与复杂性综合性整治活动的同时突出农用地

整治、建设用地整治、生态保护修复和公共空间治理等不同重点。不同类型村庄的全域土地综合整治内在逻辑有很大差异,未来需坚持目标导向、问题导向、效果导向相结合,考虑村庄的自然本底供给条件和社会经济发展需求,开展差异化的全域土地综合整治。

> **案例专栏 2-2** ▶
>
> 广州市从化区开展通过村庄规划落实"点状供地"的探索
>
> 广州市从化区为了保障乡村产业用地统筹推进点状供地工作,探索通过村庄规划落实"点状供地"的用地需求和土地用途管制要求,为西和万花风情特色小镇的建设以及点状供地项目的落地提供了规划保障。引导广州和营天下田园生态旅游有限公司通过从化区农村集体资产网上交易系统成功竞得城郊街道西和村、光联村集体经营性建设用地(点状供地)使用权,土地成交价款 1682 万元。该项目成为广州市首宗乡村振兴"点状供地"农地入市交易(图 2-2)。

图 2-2 广州市从化区西和万花风情特色小镇点状供地项目

2.2 腾空间,建设"村庄集中"的和美乡村

全域土地综合整治主要通过推进村庄建设用地整理,分类推进空心村整治、开展城镇低效用地再开发和老旧小区改造等工作,释放低效存量空间,打造集约高效的生产空间,营造宜居适度的生活空间,保护山清水秀的生态空间,从而实现生产、生活、生态空间格局优化。推进村庄用地集中布局,充分尊重农民意愿,村庄内尚未建设的土地可结合拆旧复垦进行腾挪优化。

2.2.1 以全域土地综合整治推进存量空间集聚与潜力释放

通过全域土地综合整治推进存量空间的集聚和用地潜力的释放，核心问题集中在土地集聚的技术路径以及其他要素如何与土地要素一起流转起来。

1. 全域土地综合整治如何"腾空间"

全域土地综合整治通过"打造集约高效的生产空间，营造宜居适度的生活空间，保护山清水秀的生态空间"，从而实现生产、生活、生态空间格局优化，建设安全和谐、富有竞争力和可持续发展的国土空间格局。同时推动城镇空间集约和农业空间与生态空间增汇，促进经济社会发展全面绿色转型和实现生态环境质量改善由量变到质变，进而实现"双碳"目标，不断推进生态文明建设和美丽中国建设。

具体到实施层面，一是推进农用地整理，开展耕地、园地、林地等农用地的全面整理，通过对其面积、位置变动、性质置换、地块规整重划等方式，优化农业生产空间；二是推进建设用地整理，分类推进空心村整治、开展城镇低效用地再开发和老旧小区改造等工作，释放低效存量空间，打造集约高效的生产空间；三是推进生态保护修复，加强对自然生态空间的整体保护，修复和改善乡村生态环境，科学进行农房规划建设，推进乡村人居环境整治提升和风貌管控，改善城乡面貌，营造宜居适度的生活空间和山清水秀的生态空间，建设"村庄集中"的和美乡村（图2-3）。

生产空间综合整治	→	农用地整理 □ 高标农田建设　□ 耕地后备资源开发 □ 旱地改水田　　□ 农田基础设施建设 □ 耕地质量提升
生活空间综合整治	→	建设用地整理 □ 农村宅基地整理　□ 低效闲置建设用地整理 □ 工矿废弃地整理
生态空间综合整治	→	生态保护修复 □ 优化调整生态用地布局 □ 保护和恢复乡村生态功能，保持乡村自然景观 □ 确保整治区生态保护红线不突破

图 2-3　全域土地综合整治推进存量空间集聚潜力释放的实施路径

政策专栏 2-2

《自然资源部关于做好城镇开发边界管理的通知（试行）》（自然资发〔2023〕193号）（节选）

一、坚决维护"三区三线"划定成果的严肃性和权威性……严格城镇开发边界范围内耕地和永久基本农田保护，确需对永久基本农田进行集中连片整治的，原则上仍应以"开天窗"方式保留在城镇开发边界范围内，且总面积不减少；确需调出城镇开发边界范围的，应确保城镇建设用地规模和城镇开发边界扩展倍数不扩大。在规划实施期内，城镇开发边界可基于五年一次的规划实施评估，按照法定程序经原审批机关同意后进行调整。

二、推动城镇开发边界划定成果精准落地实施……在严格落实耕地保护优先序，确保城镇建设用地规模和城镇开发边界扩展倍数不突破的前提下，可对以下几种情形的城镇开发边界进行局部优化。（一）国家和省重大战略实施、重大政策调整、重大项目建设，以及行政区划调整涉及城镇布局调整的；（二）因灾害预防、抢险避灾、灾后恢复重建等防灾减灾确需调整城镇布局的；（三）耕地和永久基本农田核实处置过程中确需统筹优化城镇开发边界的；（四）已依法依规批准且完成备案的建设用地，已办理划拨或出让手续，已核发建设用地使用权权属证书，确需纳入城镇开发边界的；（五）已批准实施全域土地综合整治确需优化调整城镇开发边界的；（六）规划深化实施中因用地勘界、比例尺衔接等需要局部优化城镇开发边界的。

政策专栏 2-3

《自然资源部关于开展低效用地再开发试点工作的通知》（自然资发〔2023〕171号）（节选）

试点安排：在珠三角九市开展低效用地再开发试点。……二、主要任务。……（三）政策激励。……10.完善收益分享机制。对实施区域统筹和成片开发涉及的边角地、夹心地、插花地等零星低效用地，探索集体建设用地之间、国有建设用地之间、集体建设用地与国有建设用地之间，按照"面积相近或价值相当、双方自愿、凭证置换"原则，经批准后进行置换，依法办理登记。探索完善土地增值收益分享机制，完善原土地权利人货币化补偿标准，拓展实物补偿的途径。（四）基础保障。……14.妥善处理历史遗留用地等问题……对第二次全国土地调查和第三次全国国土调查均调查认定为建设用地的，在符合规划用途前提下，允许按建设用地办理土地征收等手续，按现行《土地管理法》规定落实征地补偿安置。

2. 全域土地综合整治视角下"人地钱"如何挂钩

"人地钱"挂钩政策，是指财政转移支付、城镇建设用地新增指标、基建投资安排等都与农业转移人口市民化进度挂钩，是调动地方政府吸纳农业转移人口落户积极性的政策机制。"人地挂钩"政策被视为国家推动新型城镇化战略、解决农民工住房问题、促进"三化"协同推进、提高土地节约集约用地水平的重要突破。

"人地钱挂钩"是增减挂钩"地地挂钩"的延伸和拓展，"人地挂钩"的核心是人往城转、地随人走，钱从地出。"人往城转"，强调的是农民进城到城镇落户；"地随人走"，是指人口进城后，土地的功能随之转移，城镇建设用地规模增加，农村规模减小；"钱从地出"，指通过增减挂钩形成的指标交易获得资金返还农村，实现取之于土，用之于农。《国土资源部关于用好用活增减挂钩政策积极支持扶贫开发及易地扶贫搬迁工作的通知》（国土资规〔2016〕2号）中要求，按照"钱随人走、同等受益"的原则分配和使用结余指标交易价款，对集中安置的，可将增减挂钩收益返还集体经济组织，由村民自主安排用于新居和基础设施建设等；对分散安置的，可以货币形式足额将增减挂钩收益返还当事农户。

从财政角度来看，"人地钱挂钩"是指标资源的宏观调配。城乡建设用地增减挂钩结余指标只能在县域范围内使用，支持扶贫开发及易地扶贫搬迁的，可以在省域范围统一使用。但是，人口的流动并不仅局限于县域范围，而会更大范围的跨省流动，长三角、珠三角，北上广聚集的人口会越来越多，不发达地区将来人越来越少。增减挂钩指标最大只能在省域内使用，对于跨省流动的农民工，其腾退出的土地只能增加本地的城镇建设用地空间。所以，在结余指标配置的空间范围受到限制的条件下，需要国家层面出台政策，用财政资金安排这部分跨省流动的农民工进城落户所需的建设用地空间及资金。

2.2.2 广东以村庄用地整治提升打造和美乡村的策略

民族要复兴，乡村必振兴。乡村振兴是中国新农村建设战略中进一步解决中国"三农"问题的重要战略部署。在党的十九大上，习近平总书记提出乡村振兴战略，强调农业农村农民问题是关系国计民生的根本性问题，倡导农业农村优先发展。在国家的战略部署下，农村地区的发展潜力逐步得到释放，与此同时由发展带来的问题也日益突出，尤其对搬迁撤并类村庄而言，如何协调村民需求与地区发展的关系是亟须解决的问题。2022年10月，习近平总书记在党的二十大上进一步明确全面推进乡村振兴重大任务，坚持农业农村优先发展，扎实推动乡村产业、人才、文化、生态、组织振兴。2023年2月，中共中央、国务院发布《关于做好2023年全面推进乡村振兴重点工作的意见》，提出应扎实推进乡村发展、乡村建设、乡村治理等重点工作，加快建设农业强国，建设宜居宜业和美乡村，为全面建设社会主义现代化国家开好局起好步打下坚实基础。

广东省贯彻落实乡村振兴战略，以全域土地综合整治，推进村庄用地整治提升，打造村庄集中的和美乡村。具体措施如下：

1. 多措并举盘活村庄存量建设用地

严格落实"一户一宅"等宅基地管理规定，加强农村新建住房全程监管，依法有序整治农村乱占耕地建房问题。开展"一户多宅"等历史遗留问题清理整治行动，有条件地区试行固化宅基地资格权。探索宅基地资格权的多种实现形式，推动盘活闲置宅基地和闲置住宅，鼓励进城落户的农村村民依法自愿有偿退出闲置宅基地。依法稳慎推进搬迁撤并类村庄和零星农村居民点集聚，加快推进农村旧住宅、闲置废弃宅基地、空心村、零星建设用地等拆旧复垦。加强削坡建房风险点综合治理，有条件地区探索统一规划搬迁安置，由行政村统筹村民建房用地。

2. 推动安置房规划建设

合理把握拆旧建新工作节奏，完善多元化安置补偿机制，实施"房券"、货币补偿或统一规划建设安置房，确保搬迁村民户有所居。广东省清远市清城区源潭镇、河源市龙川县、惠州市龙门县等地，结合地质灾害防治、危房改造和村庄搬迁改造等建设农民新村。

> **案例专栏 2-3** ▶
>
> 河源市龙川县贝岭镇米贝村灾后房屋重建安置小区
>
> 　　2019年6月12日，百年不遇的特大暴雨袭击龙川县米贝村，山洪暴发、山体滑坡，村庄成为特大型地质灾害隐患点，57户群众需避让搬迁。龙川县结合新农村建设、灾后重建、精准扶贫工作，对米贝村进行整村规划和重建规划设计，按照地质灾害治理、新农村建设、房屋搬迁重建"三同时"的原则，经过多次选点和征求群众意见，确定在大塘面建设米贝村灾后房屋重建安置小区。安置小区总投资4500多万元，兴建3栋14层电梯房，总建筑面积1.2万平方米，每户配套一个生产用房，配套建设文化广场。2020年5月30日安置小区顺利竣工，按照公平公正公开的原则以抽签的方式，圆满完成57户安置户分房工作，安置小区新居钥匙交付安置户。

3. 存量建设用地腾挪优化

针对第三次全国国土调查认定的农村居民点用地，根据细化调查地类，结合相关整治活动，对乡村存量建设空间进行腾挪优化。稳妥有序推进集体经营性建设用地入市试点，有条件地区可将零星、插花的小块存量集体建设用地整治归并为大块宗地后入市。

4. 推动农房风貌建设

实施农房管控和乡村风貌提升行动，加强农村建房全程监管，规范村民住房建设，推进农房外立面美化整治。规范农村农民建房建设标准，结合岭南文化特色，体现适用、经济、节能和美观。切实落实农房用地保障和组织保障，各村委会、各区人民政府、规划和自然资源部门、住房和城乡建设部门等应联动配合，各司其职。

加强农村宅基地和农房建设管理。保障村民合理建房需求，对符合"通则式"国土空间规划管理规定的村民住宅选址，同时符合"一户一宅"、不涉及永久基本农田和生态保护红线、与现状农村居民点相邻成片、避开地质灾害隐患点及河湖管理范围和洪涝灾害风险控制线等要求的，可办理用地手续。开展"一户多宅"等历史遗留问题清理整治行动，完善农村不动产确权登记规则，依法依规稳妥有序推进农村乱占耕地建房专项整治有关工作。结合村庄用地整治，统筹推进农房管控和乡村风貌提升，加强历史文化名镇名村、传统村落文物古迹、历史建筑及古树名木保护利用。

2.2.3 "县镇村"开展全域土地综合整治进行空间腾挪的工作重点

2023年4月7日，省人民政府办公厅印发实施《广东省"节地提质"攻坚行动方案（2023—2025年）》，旨在立足新发展阶段，完整、准确、全面贯彻新发展理念，加大批而未供和闲置土地的处置力度，推动用地监管从末端治理向前端管控转变、标准规范从粗放低效向集约高效转变、存量盘活从处置为主向疏堵结合转变、政策措施从单元分散向系统集成转变，从县—镇—村三个维度，全力实现"节地提质"。

1. 县域层面：强化城镇建设用地管理

县域层面，关键在强化城镇建设用地管理，集约节约用地。村民居住、农村公共公益设施、乡村产业发展、零星分散的乡村文旅设施及农村新产业新业态等用地规模需求应保尽保。进一步完善土地的供应方式，不仅要用好建设用地的增量，还要注意盘活存量，解决批而未供土地、闲置土地和低效利用土地问题，利用好"设施农用地""点状供地""农村一二三产业融合发展项目联动供地""集体经营性建设用地入市"等政策工具，促进村级工业园等低效存量用地工改工，促进产业集聚，产业园数量减少，规模扩大，小园变大园，必须做好顶层谋划，加强国土空间规划引领，做好城乡低效利用土地再开发工作，稳步推进各项整治任务，为产业集聚发展腾出空间。

在严格落实耕地保护优先序、确保城镇建设用地规模和城镇开发边界扩展倍数不突破的前提下，可根据已批准的全域土地综合整治实施方案，按程序局部优化调整城镇开发边界。结合城乡融合、区域一体化发展等合理需要，在城镇开发边界外可规划布局有特定选址要求等零星城镇建设用地。涉及永久基本农田和生态保护红线调整等，严格按国家有关规定执行。

案例专栏2-4

广州市从化区跨镇、跨村腾空间

从化区按照"统筹控制总量、优化增量、盘活存量、释放流量、实现减量"的思路，探索用地规模跨镇域、跨村域腾挪的实施路径。留用地集中落地方面，在建设用地总量不增加的情况下，重点引导279.53公顷历史留用地集中落地，探索留用地指标统筹共用。以城郊街道明珠工业园为试点，以留用地多村共有、集中成片兑现方式，推动城郊街道民乐十八中地段345.92亩落地，推动建设用地集中布局。探索农村集体经济组织以出租、合作、入股等方式盘活利用整治区域范围内的存量建设用地，通过微改造、拆旧建新、提质增效等途径，发展农产品初加工、民宿、餐饮、研学基地、农业科普展览等乡村休闲旅游项目及一二三产业融合项目（图2-4）。

图2-4 广州市从化区土地综合整治实施成效

案例专栏 2-5 ▶

佛山市南海区为产业发展腾空间

南海区抓统筹、建机制，做好顶层谋划，稳步推进各项整治任务，为产业发展腾出空间。拆除改造村级工业园1.2万亩、腾退低效建设用地并复垦复绿超5500亩；累计建成及在建产业载体面积646万平方米，其中建设产业保障房116.6万平方米；累计引进腾龙湾区数据中心、狮山智造科技产业园、平谦国际（南海）智慧产业园3个百亿项目。截至2023年末，已形成整备连片产业用地8613亩（图2-5）。

图2-5 佛山市南海区土地综合整治实施成效

2. 镇域层面：重点关注优质连片发展空间

镇域层面，关键在腾出优质连片发展空间。一是资源整合，产业联动，通过区域一体、资源整合，探索乡村振兴的长效机制和村庄发展的造血功能，实现资源、产业、空间的有效共享和调配；二是用好政策工具，用好近年来广东省出台的支持农村一二三产业融合发展、增减挂钩、拆旧复垦、点状供地、设施农用地等方面的综合政策，支持乡村振兴及广东省高质量发展。结合全域土地综合整治开展乡村历史文化保护与风貌提升项目谋划，推进美丽圩镇"七个一"工程建设，即一个入口通道、一个美丽街道、一片房屋外立面提升、一处美丽圩镇客厅、一个干净整治的农贸市场、一条美丽河道及一个绿美小公园，结合土地整治手段，落实规模指标，形成近期建设项目库。

案例专栏 2-6 ▶

佛山市南海区大沥镇为产业聚集区连片发展腾空间

南海区大沥镇强化政府统筹和利益平衡，推进土地空间的大整治、大腾挪，通过集体土地征收转国有、村级工业园土地流转入市、集体长租等多种形式，成功推进超 2100 亩大沥西部产业聚集区连片整备，为实现产业聚集、连片发展提供有力支撑。大沥镇"以水为脉"腾退复绿打造广佛万里碧道，15.6 千米滨河生态廊道绿意盎然，成功兑换首批共 87.92 亩"绿券"指标。"见缝插绿"，大沥推进 2000 个"四小园"建设，获南海区"四小园"建设先进镇街一等奖，都市形态、人居环境欣欣向"绿"。

案例专栏 2-7 ▶

佛山市顺德区杏坛镇开展村级工业园改造

杏坛镇按照"淘汰落后产能、拆除危旧厂房、整治提升旧园区、新建现代产业园、复垦复绿低效建设用地、储备控制发展用地"的原则，整治"布局散乱、用地粗放、产能低下、安全隐患大"的村级工业园，为工业 4.0 发展、现代化产业体系和生态文明建设腾出优质空间。其中以"中兴"现代产业城、麦村第二工业区、七滘工业区光华片和光华工业区西区最具代表性。"中兴"现代产业城项目改造面积约 92.9185 公顷，首创"改造权公开交易"模式，改造后将形成连片面积达 3000 亩的大型产业园区；七滘工业区光华片和光华工业区西区改造后将形成连片面积达 3400 亩的顺德临港经济区（图 2-6）。

图 2-6　佛山市顺德区杏坛镇七滘工业区光华工业区效果图

3. 村域层面：充分释放农村闲置低效用地

村域层面，关键在于释放农村闲置低效用地。村域层面开展农村闲置低效用地潜力释放，应充分尊重农民意愿，依法稳慎推进搬迁撤并类村庄和零星农村居民点集聚，加快推进农村旧住宅、闲置废弃宅基地、空心村、零星建设用地等拆旧复垦。据初步统计，全省农村建设用地可腾挪出 300 多万亩，腾挪出的指标对于广东省下一步的县域扩容提质、产业园建设等都至关重要，同时可能产生的 6000 多亿元的指标收益（按一亩 30 万元计算）也会对乡村建设起到巨大的作用。

> **案例专栏 2-8** ▶
>
> 韶关市始兴县顿岗镇寨头村拆旧复垦腾空间
>
> 寨头村废旧的宅居房、闲置房多建于 20 世纪六七十年代，影响了村容村貌。通过拆旧复垦，寨头村增加的 40 多亩耕地，为村集体带来 270 余万元的收益。让村民对拆旧复垦的好处"看得见、摸得着"，使得村民从"要我垦"变成"我要垦"（图 2-7）。

图 2-7　韶关市始兴县顿岗镇寨头村梁屋组复垦

案例专栏 2-9

佛山市南海区狮山镇凤梅岭村通过改造废旧村级工业园实现"腾笼换鸟"

凤梅岭村改造的村级工业园总面积约709亩。改造前以简易厂房为主，空间产出效能低下，税收仅600多万元。计划投资近100亿元，把园区打造成产业化、多样化、高端化、集成化、区域化的现代工业4.0版湾区智造中心，成为狮山镇核心片区的产业集聚示范区，预计第一期（182亩）年产值超30亿元（图2-8）。

图2-8 狮山（凤梅岭）智造科技产业园改造

2.3 增耕地，整合"良田连片"的农业空间

2.3.1 我国耕地保护情况

1. 我国长期关注并重视耕地保护

粮食安全是"国之大者"，耕地是粮食生产的命根子，保障国家粮食安全的根本在耕地。保护好耕地，端牢饭碗，在党和国家事业全局中具有基础性、战略性意义。我国始终高度重视耕地保护问题，党的十八大以来，党中央先后实施一系列硬措施，守住了耕地红线。1986年3月，中共中央、国务院印发《关于加强土地管理制止乱占耕地的通知》（中发〔1986〕7号），第一次正式将耕地保护作为我国的基本国策。1997年4月，中共中央、国务院印发《关于进一步加强土地管理切实保护耕地的通知》（中发〔1997〕11号）进一步加大耕地保护力度，明确保护耕地就是保护我们的生命线，并建立起以耕地总量动态平衡和土地用途管制制度为核心的土地管理制度体系。2017年，中共中央、国务院印发《关于加强耕地保护和改进占补平衡的意见》（中发〔2017〕4号）再次明确耕地保护的重要性，建立数量、质量、生态"三位一体"的耕地保护新格局。2021年新修订的《中华人民共和国土地管理法实施条例》进一步落实加强耕地保护、改进占补平衡、制止耕地"非农化"、防止耕地"非粮化"等国家战略决策。

从第一次正式将耕地保护列为我国的基本国策，到明确耕地保护是我们的生命线，再到建立耕地保护新格局等，国家为耕地保护工作做出了许多努力，使得粮食安全有保障，生态环境得以改善，社会经济稳定发展。新时代新征程上，耕地保护任务没有减轻，而是更加艰巨。必须坚持问题导向、目标导向、尊重规律、因势利导、因地制宜、久久为功，进一步加强耕地保护。

2. 出台完备制度，严守18亿亩耕地红线

耕地保护是一个系统工程，要突出把握好量质并重、严格执法、系统推进、永续利用等重大要求，进一步采取过硬实招。要压实耕地保护责任，落实新一轮国土空间规划明确的耕地和永久基本农田保护任务，确保18亿亩耕地红线决不突破。要全力提升耕地质量，真正把耕地特别是永久基本农田建成适宜耕作、旱涝保收、高产稳产的现代化良田。从严从实开展耕地保护和粮食安全责任制考核，实行"五个一票否决"，即是否完成耕地保有量目标、是否完成永久基本农田保护面积、是否完成落实耕地占补平衡、是否落实耕地"进出平衡"、新增建设占用耕地中违法占用耕地是否超过15%。

实行耕地保护党政同责，严守18亿亩耕地红线。按照耕地和永久基本农田、生态保护红线、城镇开发边界的顺序，统筹划定落实三条控制线，把耕地保有量和永久基本农田保护目标任务足额带位置逐级分解下达，由中央和地方签订耕地保护目标责任书，作为刚性指标实行严格考核、一票否决、终身追责。

严格耕地用途管制，明确落实耕地利用优先序，耕地主要用于粮食和棉、油、糖、蔬菜等农产品及饲草饲料生产，永久基本农田重点用于粮食生产，高标准农田原则上全部用于粮食生产等。

政策解读专栏 ◀◀◀

2023年，自然资源部党组书记、部长王广华在《人民日报》发表《切实加强耕地保护 改革完善占补平衡制度》（节选）

坚持"以补定占"，强化耕地总量动态平衡，扎实推进占补平衡制度改革落地见效。

守牢耕地保护红线，确保耕地总量不减少，严控占用和补足补优是关键。中央财经委员会第二次会议明确，改革完善耕地占补平衡制度，将各类对耕地的占用统一纳入占补平衡管理，坚持"以补定占"，目的就是严控占用、

严格补充、严守总量，通过调整管理方式、压实各级责任、强化考核监管，实现省级行政单位年度耕地总量动态平衡，确保到2035年全国耕地总量不低于18.65亿亩。

改革占补平衡管理方式。按照改革部署，调整完善占用耕地补偿制度，将以往非农建设占用耕地落实占补平衡扩展到各类占用耕地均要落实占补平衡，由"小占补"变为"大占补"；统筹盐碱地等未利用地、其他农用地、低效闲置建设用地等各类非耕地作为补充耕地来源，新增加的可以长期稳定利用的耕地，用于落实补充耕地任务。坚持"以补定占"，在实现耕地总量动态平衡的前提下，以省域内稳定利用耕地净增加量作为下年度补充耕地指标和允许占用耕地规模的上限。

调整占补平衡落实机制。按照"国家管总量、省级负总责、市县抓落实"的要求，建立分级负责、职责明确、监管有力的占补平衡责任落实机制。严格控制跨省域补充耕地规模，从严规范省域内补充耕地指标调剂管理，将补充耕地指标调剂统一纳入省级管理平台，坚决纠正和防范利益驱动下单纯追求补充耕地指标、不顾立地条件强行补充的行为。

加强补充耕地补偿激励。各类占用耕地的实施主体应当按规定落实补充耕地责任。在实践中，将补充耕地费主要用于耕地保护与质量建设，调动相关主体保护耕地的积极性。

健全补充耕地质量验收制度。配合农业农村部门加强补充耕地质量管理，完善补充耕地质量验收办法，严格质量审核把关。加强补充耕地配套基础设施建设和后续培肥管护，持续熟化土壤、提升耕地质量、稳定耕地利用，防止退化撂荒。

2.3.2 以全域土地综合整治破解耕地碎片化问题

1. 广东省耕地现状情况

广东省地形以山地、丘陵为主，耕地后备资源不足，耕地碎片化现象严重。全省人均耕地面积仅0.23亩，不足全国平均水平的1/5，可开发的耕地后备资源面积仅112.84万亩。根据2022年度国土变更调查数据统计，全省耕地3亩以下图斑数量占比44.69%，面积仅占3.55%；5亩以下数量占比55.19%，面积仅占6.47%。据2022年度广东省耕地质量等级变更调查评价结果统计，评价为四至六等的耕地（中产田）面积占全省耕地总面积的43.28%；评价为七至十等的耕地（低产田）面积占17.13%，中低产田面积占60.41%。部分耕地存在酸化、瘠薄、渍潜等障碍因素，其中酸化（pH＜5.5）耕地面积占全省耕地面积比例为54.35%，需要不断提升耕地质量。因此，要通过全域土地综合整治推进耕地集中连片整治，增加耕地数量、提升耕地质量，优化耕地布局，守住耕地保护红线，保障国家粮食安全。

2. 全域土地综合整治促进耕地保护的核心要义

全域土地综合整治的一项重要工作内容是推进"小田变大田"，增加耕地面积、推进耕地集中整治，实现良田连片。国家试点设立了"两个5%"的底线要求，即全域土地综合整治后，整治区域内的新增耕地面积不少于原有耕地面积的5%，涉及永久基本农田调整的，整治区域内新增永久基本农田面积不少于调整面积的5%。试点地区需严格执行"先补后占、多补少占、以进定出、先进后出"的耕地占补平衡和耕地进出平衡的"双平衡"管控要求，统筹推进高标准农田建设、垦造水田、恢复耕地等项目，坚决完成"两个5%"新增耕地目标要求。整治地区应稳慎推进永久基本农田布局优化调整，解决耕地碎片化问题，实现整治区域内耕地"数量有增加、质量有提升、生态有改善、布局更集中"的目标。

政策专栏2-4

《自然资源部关于开展全域土地综合整治试点工作的通知》（自然资发〔2019〕194号）（节选）

一、目标任务。乡镇人民政府负责组织统筹编制村庄规划，将整治任务、指标和布局要求落实到具体地块，确保整治区域内耕地质量有提升、新增耕地面积不少于原有耕地面积5%，并做到建设用地总量不增加、生态保护红线不突破。

二、支持政策。整治区域内涉及永久基本农田调整的，应编制调整方案并按已有规定办理，确保新增永久基本农田面积不少于调整面积的5%，调整方案应纳入村庄规划。整治区域完成整治任务并通过验收后，更新完善永久基本农田数据库。

政策专栏2-5

《广东省自然资源厅关于加强自然资源要素保障助力实施"百县千镇万村高质量发展工程"的通知》（粤自然资规字〔2023〕4号）（节选）

四、积极支持全域土地综合整治试点。鼓励以乡镇为单元实施全域土地综合整治项目，项目整体通过验收后，省级按照新增耕地面积5∶1奖励该县（市）新增建设用地计划指标（垦五奖一），单个项目奖励指标不超过1000亩，所获奖励指标专项用于农村一二三产业融合发展项目、基础设施和公共服务设施建设。加大对全域土地综合整治项目资金支持力度，鼓励按照渠道不乱、用途不变的原则，统筹用好各类土地整治和农村建设资金支持实施全域土地综合整治项目，鼓励符合条件的全域土地综合整治项目申请专项债券支持。

政策专栏 2-6

《广东省人民政府印发关于进一步加强和改进耕地保护工作若干措施的通知》（粤府函〔2021〕130号）（节选）

二、实行特殊保护和分类管理，严格管控耕地"非粮化"。（六）开展土地整治复耕。市、县级人民政府要采取有力措施组织开展撂荒耕地整治，对具备耕种条件的，立即组织复耕复种；对暂时不具备耕种条件的，制订整改方案，明确时间表和路线图，分期分批推进复耕复种。

三、坚持增量提质和建管并举，改进耕地占补平衡管理。（七）实施耕地综合整治提升。各地应在高标准农田建设、全域土地综合整治试点工作中，对耕地、永久基本农田进行综合整治提升。全域土地综合整治试点涉及调整永久基本农田布局的，必须按规定编制调整方案并经省自然资源厅、农业农村厅审核通过后，将相关内容纳入试点实施方案和相应的国土空间规划，待整治区域完成整治任务并通过验收后，更新完善永久基本农田数据库，确保数量有增加、质量有提升、生态有改善、布局更加集中连片、总体保持稳定。加强事中事后监管，防止出现调整补划地块以劣换优、划远不划近、以次充好等情况。

2.3.3 "县镇村"开展全域土地综合整治实施耕地保护的工作重点

1. 县域层面：重在坚守耕地保护红线

县级人民政府应结合现代农业和适度规模经营的农业发展需求，按照"数量有增加、质量有提升、生态有改善、布局更加集中"的原则，探索通过垦造水田、耕地恢复、高标准农田建设等农用地整治项目，引导耕地集中连片布局，坚决防止耕地和永久基本农田阶段性流失和质量降低。统筹推进耕地质量提升工程，在增加耕地面积、优化耕地布局的同时，提高耕地质量和连片度，为农业适度规模经营和现代农业发展创造条件。

案例专栏 2-10

广州市从化区以全域土地综合整治探索耕地保护新模式

广州市从化区为破解耕地碎片化、产值低的局面，围绕国土空间总体规划划定两片永久基本农田集中区，重点在西部、中部地区安排垦造水田、耕地恢复、高标准农田建设等农用地整治项目，引导耕地集中连片布局和保护。计划推进11个农用地整理项目，新增耕地面积113.8公顷，耕地质量提升由6.1等提高至5.9等，耕地地块数由2656块整合为2158块，实现数量有增加、质量有提升、生态有改善、布局更集中。同时，结合现代农业和适度规模经营的农业发展需求统筹建设1个国家级花卉现代农业产业园、1个国家级田园综合体、10片现代农业园、30个美丽乡村示范带，打造"111030"工程，合理构建区域农业发展空间（图2-9）。

图 2-9　广州市从化区农用地整理成效

案例专栏 2-11

佛山市南海区通过政策创新推进耕地保护实施

佛山市南海区结合全省唯一以县域为单元开展全域土地综合整治试点的契机，出台印发《关于推进南海区永久基本农田占用补划规范管理的指导意见》《佛山市南海区推进耕地和永久基本农田集中连片保护实施办法》，明确了用地单位补划永久基本农田的经济义务，保障社会资本、农村集体经济组织、政府企事业单位等耕地保护参与方的合理收益。为落实新增耕地面积不少于原有耕地面积的5%要求，需完成4700亩新增耕地任务；同时结合

2022年6月获批的省级耕地恢复和"进出平衡"工作示范点建设，2022年度完成新增耕地2820余亩，截至2023年末，已实地恢复耕地超3200亩，其中约有2000亩已纳入2022年国土变更调查。南海区严格耕地恢复类项目选址要求，各镇（街道）已恢复耕地地块，各镇（街道）耕地集中整治单元片区，在实现耕地数量增加的同时，逐步实现耕地布局优化的目标。在探索耕地保护"工业反哺农业"模式中，南海区里水镇的华穗云谷现代农业产业园项目，为社会企业结合南海区全域土地综合整治试点永久基本农田储备区激励政策，发挥企业与村集体及农民洽谈、资金筹集方面的优势，自主组织筹资、租地、施工连片恢复耕地，连片度超过1600亩。

2. 镇域层面：重在明确具体项目方案

镇域全域土地综合整治应坚持目标导向和问题导向相结合，基于地域禀赋，统筹垦造水田、补充耕地、高标准农田建设等农用地整理项目实施，在遵守"两个5%"的底线要求下明确具体项目方案。

案例专栏2-12 ▶

清远市佛冈县汤塘镇以农用地整理塑造秀美绿色田园空间

汤塘镇以解决耕地碎片化问题为重点，推进耕地集中连片整治，逐步将零散、细碎的耕地和园地等整治形成集中连片的优质耕地。结合"田水路林村"整体保护修复，有序推进垦造水田、耕地恢复和高标准农田建设等农用地整理项目，进行潖江下游农田土壤改良和土地整合，促进农田基础设施条件改善、防灾减灾能力提升、耕地改良，更好适应现代化农业生产需求。汤塘镇在耕地整治过程中，推动农业与旅游、教育、康养等产业融合，建设三产融合的农业生态公园。

3. 村域层面：重在落实秀美田园建设

村域全域土地综合整治项目：一是推动村域农用地布局优化，打造连线成片田园景观，在推动实施垦造水田、补充耕地、高标准农田建设，提高耕地质量和连片程度的基础上，完善农业基础设施，优化特色田园景观风貌，推动农业与旅游、教育、康养等产业融合；二是尊重历史延续文脉，提升乡村风貌。对乡村水系、林网和农田等大地景观风貌、村庄居民点公共空间提出塑造与管控要点；对传统村落、历史建筑等提出保护管控要求和活化路径，在乡村风貌管控中注入当地历史文化内涵，确保乡村风貌提升落到实处。

案例专栏 2-13

湛江市廉江市石岭镇全域土地综合整治项目

廉江市石岭镇全域土地综合整治是广东省 21 个国家级试点之一。通过生态农田连片整治，完善沟路渠等农田基础设施，实现田块合理归并，科学划分，拟建成达到高标准农田标准的连片农田 2085 亩，耕地质量平均提升 1 个等别。项目通过把项目区内低效农用地、撂荒地、插花地、边角地等使用效率低的土地进行连片整合，使原本各地分散独立的农用地连通起来，提高耕地质量和规模种植的可行性。整治项目实施后，预计减少零星耕地图斑比例 5%，集中连片耕地（15 亩以上）规模比例增加达 15%（图 2-10）。

图 2-10 湛江市廉江市石岭镇秋风江村垦造水田项目改造情况

2.4 强活力，推动"产业集聚"的乡村振兴

保障乡村振兴用地，在镇村规划中预留一定比例机动规模，实施用地"指标池"制度，对符合条件的村民建房、农村生活污水治理等农村基础设施和公共服务设施、零星分散的乡村文旅设施及农村新产业新业态项目用地应保尽保。改革完善征地留用地制度，鼓励逐步减少采取实物留用地方式，推进留用地高效开发利用。在符合国土空间规划前提下，鼓励对依法登记的闲置宅基地和地上房屋开展复合利用，合理发展农家乐、民宿、乡村旅游、农产品初加工、电子商务等农村产业。

2.4.1 我国现行土地管理模式与广东省现实需求

1. 现行土地管理模式概述

我国土地管理主要以 2019 年修正的《中华人民共和国土地管理法》为依据，维护土地的社会主义公有制，保护、开发土地资源，合理利用土地，切实保护耕地，促进社会经济的可持续发展。在现有国土空间规划"五级三类"

体系下，城市发展建设只能在城镇开发边界内开展，主要利用国有土地；乡村振兴产业、项目主要利用集体土地，在城镇开发边界外进行。

现行《中华人民共和国土地管理法》规定，城市市区的土地属于国家所有，即国有土地；农村和城市郊区的土地，除由法律规定属于国家所有的以外，属于农民集体所有，宅基地和自留地、自留山，属于农民集体所有，即集体土地。国有土地与集体土地的使用权、管理路径、是否可以流入市场等属性存在差异，正是我国现阶段城乡二元体制的核心体现，更是现有征地冲突问题的重要来源，即征地过程中涉及宅基地、承包地等集体土地产生的冲突。

政策专栏 2-7

《中华人民共和国土地管理法》（节选）

①国有土地与集体土地：第九条 城市市区的土地属于国家所有。农村和城市郊区的土地，除由法律规定属于国家所有的以外，属于农民集体所有；宅基地和自留地、自留山，属于农民集体所有。第十条 国有土地和农民集体所有的土地，可以依法确定给单位或者个人使用。使用土地的单位和个人，有保护、管理和合理利用土地的义务。第十一条 农民集体所有的土地依法属于村农民集体所有的，由村集体经济组织或者村民委员会经营、管理；已经分别属于村内两个以上农村集体经济组织的农民集体所有的，由村内各该农村集体经济组织或者村民小组经营、管理；已经属于乡（镇）农民集体所有的，由乡（镇）农村集体经济组织经营、管理。

②土地征收：第四十七条 国家征收土地的，依照法定程序批准后，由县级以上地方人民政府予以公告并组织实施。县级以上地方人民政府拟申请征收土地的，应当开展拟征收土地现状调查和社会稳定风险评估，并将征收范围、土地现状、征收目的、补偿标准、安置方式和社会保障等在拟征收土地所在的乡（镇）和村、村民小组范围内公告至少三十日，听取被征地的农村集体经济组织及其成员、村民委员会和其他利害关系人的意见。多数被征地的农村集体经济组织成员认为征地补偿安置方案不符合法律、法规规定的，县级以上地方人民政府应当组织召开听证会，并根据法律、法规的规定和听证会情况修改方案。拟征收土地的所有权人、使用权人应当在公告规定期限内，持不动产权属证明材料办理补偿登记。县级以上地方人民政府应当组织有关部门测算并落实有关费用，保证足额到位，与拟征收土地的所有权人、使用权人就补偿、安置等签订协议；个别确实难以达成协议的，应当在申请

征收土地时如实说明。相关前期工作完成后，县级以上地方人民政府方可申请征收土地。

③土地出让：第五十五条 以出让等有偿使用方式取得国有土地使用权的建设单位，按照国务院规定的标准和办法，缴纳土地使用权出让金等土地有偿使用费和其他费用后，方可使用土地。自本法施行之日起，新增建设用地的土地有偿使用费，百分之三十上缴中央财政，百分之七十留给有关地方人民政府。具体使用管理办法由国务院财政部门会同有关部门制定，并报国务院批准。

④集体土地利用：第六十条 农村集体经济组织使用乡（镇）土地利用总体规划确定的建设用地兴办企业或者与其他单位、个人以土地使用权入股、联营等形式共同举办企业的，应当持有关批准文件，向县级以上地方人民政府自然资源主管部门提出申请，按照省、自治区、直辖市规定的批准权限，由县级以上地方人民政府批准；其中，涉及占用农用地的，依照本法第四十四条的规定办理审批手续。按照前款规定兴办企业的建设用地，必须严格控制。省、自治区、直辖市可以按照乡镇企业的不同行业和经营规模，分别规定用地标准。第六十三条 土地利用总体规划、城乡规划确定为工业、商业等经营性用途，并经依法登记的集体经营性建设用地，土地所有权人可以通过出让、出租等方式交由单位或者个人使用，并应当签订书面合同，载明土地界址、面积、动工期限、使用期限、土地用途、规划条件和双方其他权利义务。前款规定的集体经营性建设用地出让、出租等，应当经本集体经济组织成员的村民会议三分之二以上成员或者三分之二以上村民代表的同意。通过出让等方式取得的集体经营性建设用地使用权可以转让、互换、出资、赠与或者抵押，但法律、行政法规另有规定或者土地所有权人、土地使用权人签订的书面合同另有约定的除外。集体经营性建设用地的出租，集体建设用地使用权的出让及其最高年限、转让、互换、出资、赠与、抵押等，参照同类用途的国有建设用地执行。具体办法由国务院制定。

2. 广东面临的矛盾与困难

随着国家新增建设用地规模逐渐紧缩，广东省逐渐出现新增土地空间与发展需求不匹配的情况。一方面每年的新增建设用地规模越来越少，大量产业，特别是乡村振兴产业由于缺少规模、指标，无法落地。另一方面在乡村地区、城中村等存在大量低效用地，如佛山市顺德区全域有382个村级工业园，共占地800多平方千米；又如南海区全域有462个村级工业园，共占地1000多平方千米。这些村级工业园密集存在且容积率基本均低于1，产业低端粗放发展问题明显。据不完全统计，珠三角村镇工业集聚区总用地面积约150万亩，占珠三角工业用地总面积（478万亩）的31%，但2019年珠三角村镇工业集聚区的工业增加值仅占珠三角工业增加值的2%。为解决城乡用地发展需求、优化城乡土地利用路径、释放城乡存量用地规模，广东省在国家政策的基础上，形成了一系列的政策工具包。

城镇方面：自2009年起，广东省"三旧"改造工作正式铺开，代表着广东省城市用地进入存量阶段。经过佛山市的实践，广东省人民政府将"三旧"改造进一步推广至广州、深圳、东莞、湛江、汕头等其他城市，以此作为建设节约集约用地试点示范省工作的主要推手之一，为全省"三旧"改造工作提供了理论基础与政策指引保障。为实现保障性住房建设、城中村改造、"平急两用"公共基础设施三大工程的顺利开展，广东省明确了五大任务：一要全力推进"十四五"规划落地实施，保质保量完成既定任务；二要着力扩大保障性租赁住房供给，充分利用城中村资源，探索发展保障性租赁住房的新路径；三要大力完成逾期棚户区改造项目整改，解决棚户区改造居民回迁难题；四要深入开展督查和审计指出问题整改工作，建立健全长效工作机制；五要着力推动信息化平台建设，加快住房保障数字化发展。

乡村方面：随着乡村振兴战略的推进，乡村地区的存量潜力如何挖掘成了重要议题。乡村地区存量潜力较城市而言更大，但是由于城乡二元体制尚未完全打破，集体土地向国有土地转换程序相对复杂，加上村民传统土地观念一时难以转变，导致乡村存量建设用地潜力挖掘难度较城市而言更大，地方挖潜动力较低的情况时有发生。在"百千万工程"背景下，广东省乡村地区建设需求持续增加，作为"百千万工程"的头号抓手，全域土地综合整治是释放乡村存量空间建设潜力、实现提升县域综合实力、推进强县兴镇带村、把县镇村发展的短板转化为广东高质量发展的潜力板，是推动城乡区域协调发展向更高水平和更高质量迈进战略目标的重要路径。

3. 既有乡村存量用地政策工具

广东省根据不同区域在国土空间功能定位、土地开发状况、生态修复目标、生态环境状况等多方面的现实差异，统筹考虑、全省推动，有差别、有重点地实施农村土地整治工作，提供了城乡建设用地增减挂钩、农村拆旧复垦、点状供地、垦造水田、村级工业园改造等政策工具。广东省通过城乡建设用地增减挂钩和农村拆旧复垦降低农村集体建设用地的增长速度，通过大规模垦造水田、高标准农田建设保障国家粮食安全和重大项目实施，以村级工业园改造提高农村建设用地节约集约利用水平和土地利用效率，实现了国土空间高效、协调、可持续发展，促进人口和土地要素向珠三角地区等优势地区集聚。

增减挂钩政策原则上在县域内开展，原脱贫县产生的增减挂钩节余指标可实施省域内交易。为推动城市群、都市圈发展以及支持灾后重建，经国务院同意，有关县（市、区）产生的增减挂钩节余指标可依据国土空间规划实施省域内交易。增减挂钩节余指标交易范围实行名单管理，不得擅自突破交易。广东省现阶段拆旧复垦潜力约为75.07万亩，主要集中在粤西、粤北地区（表2-1）。

表 2-1　广东省各地市拆旧复垦潜力情况

地区	地市	地市拆旧复垦潜力/万亩	地区拆旧复垦潜力/万亩
珠三角	惠州	1.5	8.8
	江门	4.05	
	肇庆	3.25	
粤西	湛江	10.6	23.47
	茂名	8.73	
	阳江	4.14	
粤东	汕头	1.97	11.28
	潮州	1.74	
	揭阳	5.77	
	汕尾	1.8	
粤北	韶关	6.52	31.52
	河源	6.02	
	梅州	8.08	
	清远	6.78	
	云浮	4.12	
合计			75.07

4. 新时期全域土地综合整治优势

全域土地综合整治将原有的工作路径整合梳理，不再是在项目、地块等微观层面单打独斗，而是以乡镇为主要单元，在镇域层面开展全域、全要素综合考虑，整合镇域资源潜力，通过综合全面的土地整治手段统筹土地整治项目，使得各整治项目形成合力，更加科学合理地释放存量空间。

开展全域土地综合整治，盘活存量低效用地，腾挪建设发展空间，可以为传统产业转型升级、优质项目落地提供充足的土地保障，为"制造业当家"提供好要素保障。特别重要的是，下一步将探索全域土整的指标在一定区域内进行腾挪，一定程度上是比城中村改造更加灵活、潜力更大的措施，也将极大提高珠三角地区开展全域土地综合整治的积极性。广州市正在积极实施整合点状供地工作（图2-11）。

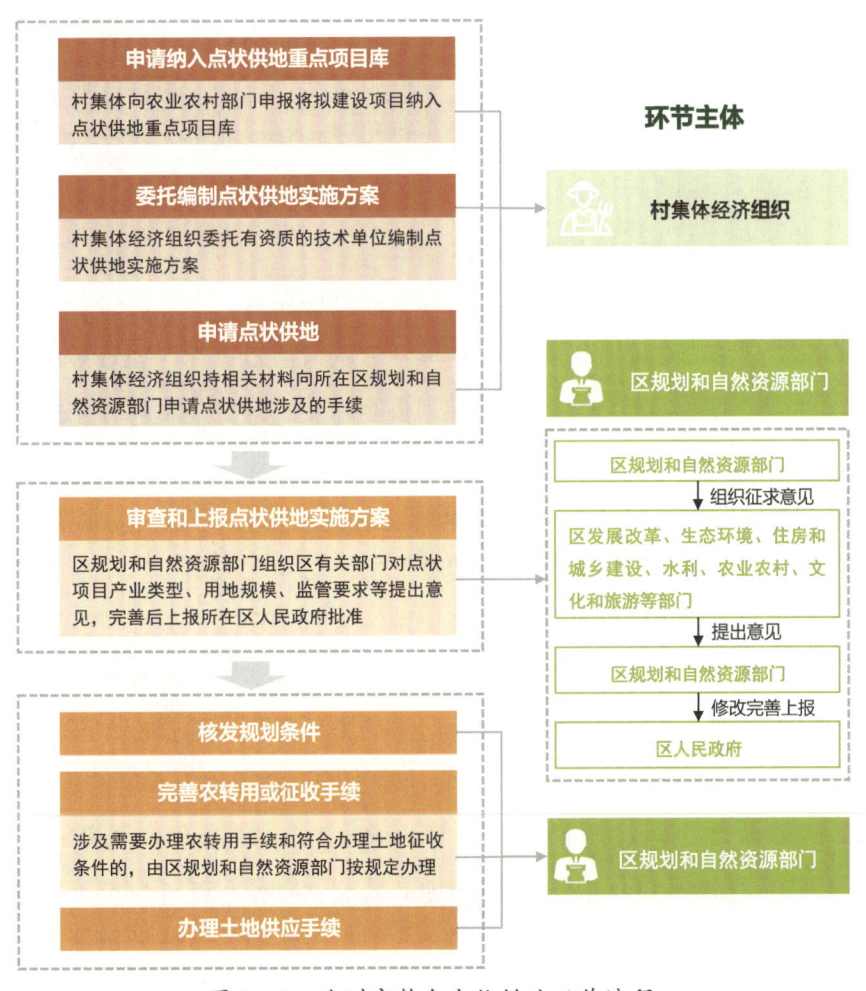

图 2-11 广州市整合点状供地工作流程

2.4.2 以全域土地综合整治推动产业集聚乡村振兴

全域土地综合整治是落实省委、省政府工作要求，推进自然资源高水平保护高效率利用以及全面建设海洋强省的有力手段。

1. 探索统筹新型城镇化和乡村振兴有效路径

明确全域土地综合整治项目实施年度计划，科学谋划整治项目，重点开展增减挂钩、拆旧复垦、低效用地开发等建设用地整理工作，既稳又活抓好农村"三块地"改革试点，依法稳慎推进搬迁撤并类村庄和零星农村居民点集聚，推动县、镇、村工业园区集聚发展，同步有序推进"百亩方、千亩方、万亩方"耕地集中整治等农用地整理和乡村生态修复工作，统筹实施农村人居环境整治、"四好农村路"示范创建等各类涉农项目。在全域土地综合整治中要预留农村生活污水处理设施、管网建设用地空间，整治验收后腾退的用地优先支持用于农村生活污水治理等民生类项目，充分发挥全域土地综合整治的平台抓手作用。

2. 探索实施主体创新和制度创新

探索实施主体创新。探索如何充分发挥市场在全域土地综合整治资源配置中的决定性作用。以制度供给侧改革释放政策活力重点，促进形成一套可复制、可推广的全域土地综合整治体制机制，建立健全"全域土地综合整治实施方案—技术标准—实施保障—考核评价—监测监管"体系。探索充分激发社会资本参与全域土地综合整治的路径。

探索实施制度创新。探索合理适度优化耕地和永久基本农田布局与指标奖励机制。探索跨行政区域开展全域土地综合整治模式，建立"先补后占、多补少占、以进定出、先进后出"前提下的永久基本农田跨行政区域腾挪的论证程序和规则。同时探索综合整治产生的腾退建设用地指标、海洋岸线占补平衡指标、新增耕地及垦造水田指标奖励机制，激发地方政府的积极性。

3. 探索建设用地高效利用路径、建立健全生态产品价值实现机制

盘活建设用地存量、探索建设用地高效利用路径，推进自然资源高水平保护高效率利用。促进针对城中村的"三旧"改造等城乡低效用地再开发以及稳妥处理相关历史遗留问题的系列办法。探索在农民集体依法妥善处理原

有用地相关权利人的利益关系后,将符合规划的存量集体建设用地,按照农村集体经营性建设用地入市。健全"点状供地"政策体系,切实解决乡村旅游、休闲农业、农产品加工流通等乡村产业用地问题。倾斜试点地区拆旧复垦收益分配比例,实行新增用地计划指标奖励,建立建设用地奖励机制。健全增减挂钩结余指标跨行政区交易规则。

探索自然资源权益增值,探索自然资源从"绿水青山"到"金山银山"的模式创新。深化生态保护补偿探索,推动生态资源权益市场化交易。建立健全生态产品价值实现机制,走出一条生态优先、绿色发展的新路子。

2.4.3 "县镇村"开展全域土地综合整治推进乡村产业集聚的工作重点

1. 县域层面:核心在创新政策机制体制

县域全域土地综合整治关键是通过体系构建、制度创新,深入系统谋划、科学设计审核全域土地综合整治实施方案,推动县域高质量发展。例如广东省按照"年初谋划一批、申报一批,年中督查,年终验收一批、考核一批、奖励一批"的原则,以省"百千万工程"首批典型县、典型镇为重点推进年度项目谋划。县级自然资源主管部门负责制定年度项目计划(含现有试点及拟申报项目),明确实施范围、建设内容、工程安排、资金来源,以及项目验收时序等内容,形成落图斑、带位置的项目数据库报送地级以上市自然资源主管部门。市级自然资源主管部门参照有关文件要求,对县级自然资源主管部门报来的年度计划情况进行审查并汇总,报省自然资源厅备案。经省自然资源厅备案的年度计划项目将纳入年度全省全域土地综合整治项目库进行动态监管。探索包含多个子项目的实施方案按规定批准后,可视作完成各子项目的立项审批的路径。对空间相连或相邻、具有统一施工、统一招标条件的子项目,探索合并立项、统一招标的路径。

案例专栏 2-14

广州市从化区政策机制体制创新推动全域土地综合整治

从化区紧抓全域土地综合整治,构建全域土地综合整治"1+N"的政策体系,形成1个总体文件《广州市从化区关于以全域土地综合整治促进乡村振兴实现高质量发展的十条措施》,以及N个配套激励政策,围绕"增田""增绿""治水""节地"为导向进行激励政策设计。形成规划引领、用地保障、耕地保护、农村建设用地集约节约利用、留用地高效开发、乡村建设项目规划报建、乡村生态保护修复综合整治、历史文化资源活化利用、涉农资金整合和农民权益保障等多维度多链条的创新政策机制。

案例专栏 2-15 ▶

佛山市南海区建立地券、房券、绿券"三券"制度

南海区探索指标分离管理，解决用地腾挪问题，形成1个文件《佛山市南海区人民政府办公室关于开展"三券"推动全域土地综合整治的指导意见》。首先提出建立区级地券周转"指标池"，允许多个项目或同一项目复垦地块产生的地券对应一个或多个地块使用，使用地块可以跨镇（街道）实施。开展复垦方案编制的同时，可以一并落实地券意向使用地块。其次提出通过区公开交易平台进行房券交易流转，原则上应在核发房券的镇（街道）行政区范围内兑现。如本镇（街道）产业保障房房源不足兑现的，各镇政府（街道办事处）可结合实际解决，或由区人民政府统筹跨镇（街道）兑现工作。最后提出绿券仅限于镇（街道）内自用，不能公开交易及转让。绿券使用应优先保障区域内民生、公益类乡村振兴项目所需建设指标，不能公开交易及转让。

2. 镇域层面：核心在基层协作与分工

镇域全域土地综合整治面向实施、扎实推进，关键是强化乡镇联城带村的节点功能，保障兴镇。一方面通过优化镇级人民政府组织形式，创新土地综合整治保障体系、宣传和考核评价体系，推动实施；另一方面探索实施主体创新，充分发挥政府与市场的区别优势，与市场主体合作，拓展多渠道筹集资金，构建全域土地综合整治共赢模式。

案例专栏 2-16 ▶

江门市开平市塘口镇探索实施主体创新

开平市与本地市属文旅集团组建旅游发展公司，充分发挥政府、文旅集团区别优势，拓宽多渠道筹集资金，参与全域土地综合整治共赢模式。同时通过全域土地综合整治项目收益继续哺育乡村振兴和文旅项目，实现良性循环。

案例专栏 2-17 ▶

　　河源市东源县顺天镇优化镇级人民政府组织形式，创新土地综合整治保障体系、宣传和考核评价体系

　　顺天镇成立镇级全域土地综合整治工作领导小组，组成工作专班，实地勘察推动工作推进。抽调镇级各有关部门业务"能手"进驻指挥部办公室，下设5个专项小组。小组先后进行实地勘察研究40多次，撰写工作动态简报20多期。发挥镇级政府宣传能力，联农带农助力乡村土地综合整治。以指挥部为宣传阵地核心，通过海报、横幅、展板、宣传栏等宣传方式，并开展"敲门行动"，向群众做好土地整治工程蓝图描绘工作。组建镇级土地流转工作小组，探索形成对村土地流转评比奖励机制。顺天镇针对土地流转工作，组建了全镇土地流转工作班子，下设11个工作小组，探索土地流转工作机制。建立对各村土地流转奖励机制，将各村土地流转工作成效列入村（居）年终综合考核评比的重要内容。

3. 村域层面：核心在为乡村治理体系提供拓展机制

　　村域全域土地综合整治关键是创新构建治理模式，通过整合资源、共建共享，建设宜居宜业和美乡村，实现强村富民。利用土地整治政策，充分发挥不同主体资源优势，建立行政村、市场、村民共建模式推动全域土地综合整治实施，为乡村治理体系提供拓展机制。

案例专栏 2-18 ▶

　　河源市东源县顺天镇党演村探索"土地储备式"路径

　　党演村以"政府—企业—村民"三方共建模式共推项目开展，由广东中兴绿丰农业科技发展有限公司（社会资本）作为实施主体，企业投资恢复耕地项目待市级验收通过后，可向县局申请不超过恢复面积3%的建设用地规模，充分利用社会资金把撂荒耕地通过工程手段恢复为稳定耕地。2023年，党演村已完成7000多亩土地流转，在流转的土地上规划"一园九区"，建设岭南农耕（移民）文化博览园区，并吸引了一批优秀的企业投资，如广东海演智慧农业有限公司入驻并注入资金5000万元。

2.5 优生态，打造"生态优美"的绿美广东

2.5.1 广东"三大生态系统"基本情况

生态系统指在自然界的一定的空间内，生物与环境构成的统一整体，在这个统一整体中，生物与环境之间相互影响、相互制约，并在一定时期内处于相对稳定的动态平衡状态。地球"三大生态系统"一般是指海洋生态系统、湿地生态系统和森林生态系统，其中海洋生态系统被称为"地球之心"，湿地生态系统被称为"地球之肾"，森林生态系统被称为"地球之肺"。

1. 广东海洋生态系统概况

广东省拥有全国最长的大陆海岸线（4114.4千米），海域面积41.9万平方千米，海岛数量1963个，居全国第三（图2-12），拥有珊瑚礁、海草床、红树林、砂质岸线、河口、海湾、海岛等多种海洋生态系统，是典型的热带、亚热带海洋生态系统。截至2020年，广东省红树林面积1.4万公顷，居全国第一，同时保存有全国大陆唯一的现代珊瑚岸礁。其海域拥有生态保护极重要区，占地面积约2.02万平方千米，占管辖海域面积的31.20%。2022年，广东省海洋生产总值1.8万亿元，占全国海洋生产总值的19%，连续28年位居全国第一。

图 2-12 惠州市惠东县巽寮湾海岸

2. 广东湿地生态系统概况

广东省是全国湿地大省，全省湿地总面积190.68万公顷，占全国湿地总面积的3.38%；湿地类型多样，分布有森林沼泽、灌丛沼泽、沼泽草地、沿海滩涂、内陆滩涂、沼泽地、河流水面、湖泊水面、水库水面、城市内湖（图2-13）等13个类型，是全国湿地类型齐全省份之一，其中浅海海域、坑塘水面和河流水面类型面积占比超过70%。河流纵横、水网密布，其中珠江三角洲河网区是国内河网密度最大的地区之一。湿地承载生物多样性丰富，是国际候鸟迁徙的重要停歇地、繁殖地和越冬地。

图 2-13　广州市海珠国家湿地公园

3. 广东森林生态系统概况

广东省林地面积约占全省面积的 60%，森林生态系统占主导地位，因横跨热带、南亚热带和中亚热带三个气候带，自然条件复杂多样，是森林生态系统类型多样且生态系统服务重要的区域，拥有丰富的森林动植物种类和资源，保存不少古老的植物种类（图 2-14）。广东省山地、丘陵、台地、平原交错，地貌类型复杂多样，水热条件在广东地区进行重新分布，形成多样的森林生态系统，包括常绿阔叶林森林生态系统、落叶阔叶林森林生态系统、常绿与落叶阔叶混交林森林生态系统、针阔混交林森林生态系统和暖性针叶林森林生态系统五种类型。

图 2-14　广东南岭国家森林公园

2.5.2 国土空间生态修复工作概述

1. 习近平生态文明思想是根本遵循

习近平生态文明思想为实现人与自然和谐共生的现代化提供了方向指引

和根本遵循。2018年5月,全国生态环境保护大会提出新时代推进生态文明和美丽中国建设必须坚持"六项原则":坚持人与自然和谐共生,绿水青山就是金山银山,良好生态环境是最普惠的民生福祉,山水林田湖草是生命共同体,用最严格制度最严密法治保护生态环境,共谋全球生态文明建设。

党的二十大报告将人与自然和谐共生的现代化列为中国式现代化的五大特征之一,就"推动绿色发展,促进人与自然和谐共生"做出了战略部署,这是党中央深刻洞察人类文明发展大势,站在促进人与自然和谐共生的高度,扎实推进绿色发展和生态文明建设,谋划经济社会发展,是全面建设社会主义现代化国家的坚实基础。

2. 实施"双重"工程是党的十九大的重大决策部署

2020年,国家发展改革委、自然资源部联合印发了《全国重要生态系统保护和修复重大工程总体规划(2021—2035年)》(以下简称"《国家双重规划》"),部署了9项重大工程、47项具体任务。《国家双重规划》以国家生态安全战略格局为基础,以国家重点生态功能区、生态保护红线、国家级自然保护地(图2-15)等为重点,突出对国家重大战略的生态支撑,统筹考虑生态系统的完整性、地理单元的连续性和经济社会发展的可持续性,对全国重要生态系统保护和修复重大工程做了系统规划,将重大工程重点布局在青藏高原生态屏障区、黄河重点生态区(含黄土高原生态屏障)、长江重点生态区(含川滇生态屏障)、东北森林带、北方防沙带、南方丘陵山地带、海岸带等"三区四带"。

图2-15 广东湛江红树林国家级自然保护区

3. 生态修复工作重点

2023年7月,在全国生态环境保护大会上,习近平总书记全面阐述"四个重大转变""五个重大关系""六大战略部署"等重要论述,指出了"要坚持山水林田湖草沙一体化保护和系统治理,构建从山顶到海洋的保护治理大格局",鲜明提出坚持和加强党对生态文明建设的全面领导的重要要求,深刻回答了新时代新征程加强生态文明建设一系列重大理论和实践问题,进一步创新、丰富和发展了习近平生态文明思想。

四个重大转变:"由重点整治到系统治理""由被动应对到主动作为""由全球环境治理参与者到引领者""由实践探索到科学理论指导"。

五个重大关系:必须正确处理高质量发展和高水平保护、重点攻坚和协同治理、自然恢复和人工修复、外部约束和内生动力、"双碳"承诺和自主行动这五个重大关系。

六大战略部署:持续深入打好污染防治攻坚战,加快推动发展方式绿色低碳转型,着力提升生态系统多样性、稳定性、持续性,积极稳妥推进碳达峰碳中和,守牢美丽中国建设安全底线,健全美丽中国建设保障体系。

自然资源部王广华部长在2024年3月"学习运用'厦门实践'经验推动国土空间生态修复现场交流会"上要求,要真正把生态优先、绿色发展的理念和行动,贯穿于自然资源开发利用全过程,推进山水林田湖草沙一体化保护和系统治理,构建从山顶到海洋的保护治理大格局,为高质量发展注入新动能、塑造新优势。

4. 广东国土空间生态修复面临的挑战

广东是我国生态保护和社会经济发展关系最复杂的区域之一,约20%的海岸线出现不同程度的侵蚀,海岸线保护与利用的协调性不足,全省自然岸线比重已降至36%左右。全省水土流失面积1.76万平方千米,局部水土流失情况严峻,国家级、省级重点治理区面积分别为2842.21平方千米、2051.81平方千米。局部地区石漠化问题突出,全省石漠化面积约450平方千米。矿山开采造成地质灾害隐患、土地资源占用与破坏等问题,各类矿山地质灾害及隐患1178处,历史遗留矿山面积约1.4万公顷。

《自然资源部关于探索利用市场化方式推进矿山生态修复的意见》指出，各地将正在开采矿山依法取得的存量建设用地和历史遗留矿山废弃建设用地修复为耕地的，经验收合格后，可参照城乡建设用地增减挂钩政策，腾退的建设用地指标可在省域范围内流转使用。广东省加大了社会资本参与生态修复的支持力度，出台了《广东省人民政府办公厅关于鼓励和支持社会资本参与生态保护修复的实施意见》，鼓励和支持社会资本参与生态保护修复。

政策专栏 2-8

《广东省人民政府办公厅关于鼓励和支持社会资本参与生态保护修复的实施意见》（粤府办〔2023〕16 号）（节选）

四、支持政策：（一）空间优化。项目范围内零散耕地、园地、林地及其他农用地需要空间置换和布局优化，可纳入生态保护修复方案一并依法审批。探索通过混合产业用地方式供应生态产业用地。（二）产权激励。对集中连片开展生态保护修复达到一定规模和预期目标的生态保护修复主体，允许依法依规取得一定份额的自然资源资产使用权，从事旅游、康养、体育、设施农业等产业开发。社会资本投入并完成修复的国有建设用地，拟出让用于经营性建设项目的，同等条件下，该生态保护修复主体在招标、拍卖、挂牌中具有优先权；涉及海域使用权的，可比照上述政策办理。修复后的集体建设用地，可根据国家统一部署稳妥有序推进农村集体经营性建设用地入市，生态保护修复主体可在同等条件下优先取得使用权。修复后新增的集体农用地，鼓励农村集体经济组织将经营权依法流转给生态保护修复主体。社会资本投资修复并依法获得的土地、海域使用权等相关权益，在完成生态保护修复任务后，可依法依规流转并获得相应收益。生态产业项目取得的国有建设用地使用权，可按合同约定和相关法律法规依法分割、合并或转让。（三）指标使用。修复产生的建设用地增减挂钩节余指标、海岸线占补指标、补充耕地指标等，可按有关规定在省域内有偿流转。

5. 广东国土空间生态修复新方向

2023 年以来，广东省大力开展绿美广东生态建设"六大行动"，主要包括森林质量精准提升行动、城乡一体绿美提升行动、绿美保护地提升行动、绿色通道品质提升行动、古树名木保护提升行动和全民爱绿植绿护绿行动。工作目的是构建绿美广东生态建设新格局，建设高水平城乡一体化绿美环境，推动生态优势转化为发展优势，打造人与自然和谐共生的绿美广东样板，走出新时代绿水青山就是金山银山的广东路径。

广东在开展万里碧道规划建设的基础上，启动谋划碧带建设，目标是升级打造集安澜生态水带、绿美景观林带、文化休闲带、滨水经济带于一体的多功能水陆生态廊道。通过统筹实施水域治理、岸线整治、道路建设等重点工作，因地制宜植绿造林，拓展生态生活空间，推动绿色水经济发展，进一步提高人民群众的幸福感、获得感。

▼ **政策落实专栏**

2023年10月26日，广东省"百千万工程"指挥部办公室组织召开2024年县镇村绿化工作视频会。强调要突出重点、分类施策，全力推动县镇村绿化工作。

1.县城绿化：一要坚持系统布局。紧扣县域发展目标定位，把绿地建设纳入城市综合规划中来推进，有效衔接各类专项规划，提高绿化工作科学化规范化一体化水平……2.圩镇绿化：一要织密一张绿美生态网络。查漏补缺、见缝插绿，重点做好广场、学校、单位、河岸、道路、闲置地等区域的绿化工作，推动城郊森林化、道路林荫化、水系林带化，有效改善人居环境……3.乡村绿化：一要让村庄全面绿起来。把改造卫生"黑点"与建设绿美"亮点"相结合，充分利用边角地、闲置地、拆违地、活动广场等公共空间以及村边荒山、裸露山地，打造乡村绿化景观带、村旁生态景观林、庭院绿化示范点，绘就新时代广东版的"富春山居图"……4.道路绿化：一要选择合适区域合适树种进行改造。突出抓好行道树栽植，以及中央分隔带、互通立交的绿化美化。根据林业部门的要求，行道树应选择根比较深、分枝点高、树冠较大、适应道路环境条件，且花朵、叶子、果实掉下来不会对行人、交通造成危害的树种……

2.5.3 全域土地综合整治过程中国土空间生态修复要点

1. 准确把握"九个性"的核心要义

在开展全域土地综合整治"优生态"过程中，需要准确把握国土空间生态修复工作系统性、完整性、原真性、长期性、艰巨性、反复性、合法性、经济性和可操作性"九个性"的核心理念。注重生态修复的系统性，因此要从"看病问诊"到"强身健体"，由解决问题的思路转变为通篇谋划的战略，加强系统性保护修复。注重生态修复的完整性，因此要从"头痛医头"到"整体施策"，强化大生态意识，注重生态完整性修复。注重生态修复的原真性，因此要从"改天换地"到"顺应自然"，借自然之力修复自然，保持生态系统原真性。长期性需要标本兼治，因此要从"速战速决"到"久久为功"，立足长期战略，脚踏实地、务实重干。艰巨性需要攻坚克难，从"拈轻怕重"到"攻坚克难"，充分认识生态修复工作艰巨性，用攻坚的干劲推动生态环境质量持续好转。反复性需要科技赋能，因此要从"昙花一现"到"智慧生态"，融合创新理念，科技赋能保持生态修复长效稳定。合法性是解决生态问题的"牛鼻子"，因此要从"法治缺失"到"法治生态"，保障生态修复工程合法性，用法治力量守护好绿水青山。经济性体现为既要绿水青山也要金山银山，因此要从"山穷水尽"到"绿色发展"，确保生态修复工程的经济性，实现绿色可持续的高质量发展。可操作性与生态修复成效直接相关，要从"相互掣肘"到"整体联动"，健全生态修复协同机制，提高生态修复工程建设的操作性。

2. 支撑构建"三屏五江多廊道"生态安全格局

在广东省国土空间生态保护修复过程中，要做好"三屏五江多廊道"生态安全格局的保护修复。各地市应统筹做好跨行政区域的重要地理单元修复，包括南岭区域、西江、北江等；县级单位应做好所在行政区域内各类生态要素的保护修复；镇村级单位应做好生态修复工程的执行工作，特别是对"三屏五江多廊道"涉及的重点项目要做好统筹和修复。

2023年5月10日，广东省自然资源厅印发的《广东省国土空间生态修复规划（2021—2035年）》，要求紧密衔接省国土空间规划"一链两屏多廊道"国土空间保护格局，全力构筑"三屏五江多廊道"生态安全格局。即加强对以南岭山地为核心的南岭生态屏障、以丘陵山地、森林为主体的粤港澳大湾区外围丘陵浅山生态屏障和以沿海防护林、河口、海湾、滨海湿地、海岛等要素为主体的蓝色海洋生态屏障的系统性保护修复；依托东江、西江、北江、韩江、鉴江等骨干水系，通山达海，统筹推进陆地、海洋、湿地三大生态系统一体化保护修复；构筑以重要水系、森林带和海岸带为主的生态廊道，结合碧道、绿道、古驿道等线性开敞空间建设，构建满足水生生物繁殖洄游、水鸟和候鸟迁飞停留、陆生野生动物栖息迁徙等活动需要的特色生态廊道网络体系，提升生态系统连通性（图2-16）。

图 2-16　广东省"三屏五江多廊道"生态安全格局

3. 大力推进广东"双重"工程实施

2022年广东省自然资源厅、广东省发展和改革委员会印发了《广东省重要生态系统保护和修复重大工程总体规划（2021—2035年）》（以下简称"《广东双重规划》"）。《广东双重规划》在遵从《国家双重规划》基础上，将全省重要生态系统保护和修复重大工程布局于以南岭山地为核心的南岭生态屏障，以丘陵浅山、森林为主体的粤港澳大湾区外围丘陵浅山生态屏障，以河口、海湾、滨海湿地、海岛为主体的蓝色海岸带，以及东江、西江、北江、韩江、鉴江干流和珠江三角洲网河区等重点流域生态功能区。

《广东双重规划》提出了6个重大工程、33个重点工程的工程项目库体系，以保障生态安全、促进高质量发展为目标导向，在统筹考虑生态系统完整性、地理单元连续性和经济社会发展可持续性的基础上，以国家重点生态功能区、生态保护红线、自然保护地等为重点，布置了系列重要生态系统保护和修复重大工程。2022年10月，广东省自然资源厅印发《广东省县级国土空间生态修复规划编制指南》，县层面是做好国土空间生态修复的关键，既要突出县域统筹谋划作用，也要做好对镇村一级实施具体项目指导和布局，重点落实国家和省重要生态系统保护和修复重大工程的总体规划、省市国土空间生态修复目标指标、格局布局和具体工程项目。

2.5.4 "县镇村"开展全域土地综合整治推进生态优化的工作重点

1. 县域层面：重在保护秀美生态空间和探索生态价值转化

县域全域土地综合整治通过全域设计、系统谋划、生态规划及生态实施，实现生态系统性治理、整体性修复，推动县域高质量发展。

重在秀美生态空间建设。一方面落实国土空间规划对乡村范围内生态保护的要求，开展刚性管控，对生态红线内外建设要求不同的地方分区分类管控。另一方面科学构建格局，维护生态安全。按照土地适宜性等分区标准，将城市全域乡村空间划定不同类型生态区，加强分区空间治理。统筹推进生态环境整治修复工程，重点完成美丽清洁田园建设等。

探索生态价值转化路径。全域土地综合整治的背后是资源本底、资源需求与政策供给的动态平衡，清晰界定各类资源及其组合的价值边界，同时将自然资源让渡给效益最高的使用者，形成报酬递增的级差地租，最终逐步迈向全域整治的动态平衡。通过全域土地综合整治经济效益最大化的"输血造血"功能，最终实现社会效益、生态效益最大化。

案例专栏2-19 ▶

广州市从化区探索流域治理与生态价值转化的有效路径

从化区探索流域治理与生态价值转化的有效路径。试点期内预计抚育12万公顷森林、连通形成1350千米水系、建设100千米碧道；保育以飞瀑草、唐鱼等关键物种为代表的2800余种动植物栖息地，打造华南国家植物园迁地保护从化示范区。近期重点开展鸭洞河治理工程，该项目结合一河两岸生态设计产业发展布局，对鸭洞河进行河道疏浚、堤岸建设、新建跌水堰，同时"嵌入式"建设亲水驳岸、湿地浅桥、文化长廊等景观节点（图2-17）。

图 2-17　治理后的鸭洞河

案例专栏 2-20

佛山市南海区整体保护、系统修复、综合治理

南海区整体保护、系统修复、综合治理。试点期间，全力推进万里碧道南海段建设，共计完成碧道建设21千米，半月岛生态公园、西龙湿地公园、滨江公园等多个公园节点开放使用。因地制宜建设口袋公园、绿道系统、新型文体空间，高质量建设8个万亩公园、4个千亩公园，精细修复20个河心岛，实现全民畅享绿色活力。其中南海区丹灶镇开展的金沙湿地综合整治项目，区、镇两级拟投入约5.5亿元，对片区范围内进行征地及建筑物拆除，开展东联渡口所地段复垦项目，建设万里碧道，持续推进水源保护区、金沙岛国家湿地公园生态修复（图2-18）。通过全域土地整治加强对生态环境的修复，大力推进人与生态环境融合，在缓解丹灶镇土地供需矛盾的同时，对生态环境进行高质量修复，以可持续发展的优良生态环境吸引优质企业扎根落户丹灶，集聚更多的优厚资源，以达到生态效益、社会效益、经济效益"三效合一"。

图 2-18　金沙湿地综合整治项目

2. 镇域层面：重在解决当地突出的生态环境问题、提供优质生态产品

镇域全域土地综合整治关键是解决本地生态问题，提供优质生态产品。

人民对优美生态环境的需要日益增长。生态环境保护与修复问题是人民群众最关心、最直接、最现实的利益问题，是必须切实解决好的重大问题。镇域"优生态"首先要解决当地突出的生态环境问题，通过科学谋划、系统规划，"低冲击"制定生态空间整治方案并实施。可结合景观生态学相关理论，首先进行全域水安全格局分析，以原有自然水生态循环为基础，适度恢复湿地等自然水体，打通水循环廊道；在村镇内部进行小微地域生态整治，打通村镇内部水系；在土壤污染治理、退化土地修复、废弃矿山综合治理等方面，应尽量以原有物种为基础，以恢复土壤、土地和矿山等的生态功能为导向，以自然恢复为动力，实现生态整治修复，提供优质生态产品。

案例专栏 2-21

惠州市龙门县龙江镇大力推进"矿地融合，绿色发展"

惠州市龙门县龙江镇通过镇域矿山生态修复，实现"矿地融合、绿色发展"。龙江镇位于龙门县东南部，镇域总面积172平方千米。水泥产业是龙门的支柱产业之一，水泥企业在促进经济发展的同时，在环境方面做出了一定的牺牲，给当地群众生产生活带来负面影响。龙江镇抓住当地水泥产业带来环境污染这个主要问题，大力开展矿山整治，重点抓公塘石场矿山生态修复、文塘石场矿山生态修复、茶排铅锌矿生态修复、大围石场矿山生态修复、光大上窝石场绿色矿山建设等项目（图2-19）。比如，光大上窝石场经过三年努力从"满目疮痍"变成"满目苍翠"，顺利通过绿色矿山创建省级验收，打造了矿山"无尘式"生态开采流程工艺，实现全工序、全要素、全场景的清洁生产。

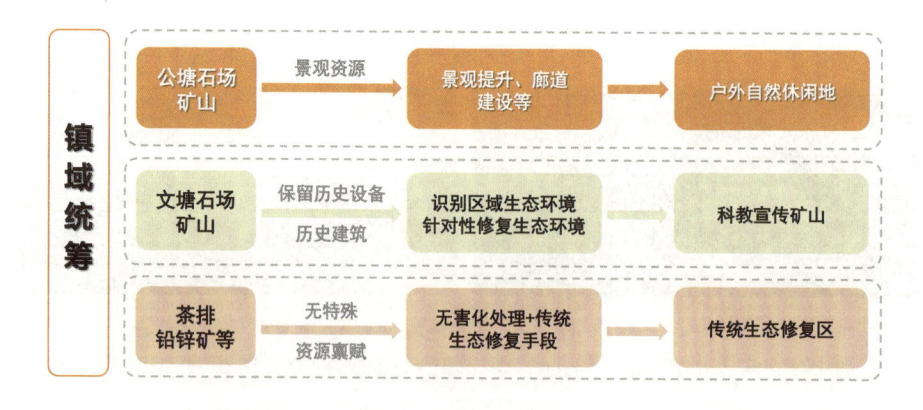

图2-19 惠州市龙门县龙江镇镇域统筹项目流程

3. 村域层面：重在实现资源到资产的增值、建设宜居美丽乡村

全域土地综合整治通过整合资源、共建共享，实现生态价值的当量转化，建设宜居宜业和美乡村。在维持生态系统稳定和平衡的前提下，通过全面推进"产业生态化、生态产业化"，利用市场资源、拓展资金来源，积极发展生态旅游、生态农业、生态制造业、生态服务业和生态高新技术产业，利用生态技术将生态系统服务流中的一部分转化为生态产品，将"绿水青山"生态系统服务"盈余"和"增量"转化为经济财富和社会福利。与此同时，为保障"绿水青山"源源不断地带来"金山银山"，必须加大对生态系统的投入，通过环境保护、生态修复和生态建设增强生态系统服务功能，在更大规模和更高层次上产出更多更好的生态产品，同时借助生态消费市场"让好产品卖出好价钱"，从而实现"金山银山"向"绿水青山"的转化。两次转化相互支撑、循环往复，进而构建起高质量绿色发展的宜居美丽乡村。

案例专栏 2-22

江门市村域推进乡村生态保护修复

江门市新会区大鳌镇大鳌尾村等4个村统筹各级各类资金，推进乡村生态保护修复。项目投资约7367.68万元，统筹推进大鳌尾生态宜居美丽乡村生态修复工程、大八顷中心河段（长1.4千米）生态修复工程、大鳌尾养殖（2500亩）尾水治理工程、湿地公园建设等乡村生态修复项目，加强对整治区域自然生态空间的整体保护，优化自然生态系统。其中大鳌尾村生态宜居美丽乡村生态修复工程项目位于大鳌镇大鳌尾村。在尊重和遵循河流生态系统的基础上，统筹考虑河流的防洪排水、供水保障、生态保护、景观休闲、文化传承等综合功能，以自然恢复为主，人工修复为辅整治修复河道，坚持水岸共治，促进人与自然和谐互促、高质量发展；对村庄内部的臭水沟进行综合治理，配合电线路改建，提升村容村貌；整治修复中心河道，净化水质，提高水体自净能力，建设生态宜居的美丽乡村（图2-20）。

鳌岛叠翠公园生态修复　　　　　　　养殖尾水治理

图 2-20　江门市新会区推进乡村生态保护修复情况

第三章 行动篇

围绕"地从哪里来、钱从哪里筹、人往哪里聚",加快推进扩面提质,助力"百县千镇万村高质量发展工程",必须落实"落规划、腾空间、增耕地、优生态、强活力"任务。推动目标任务化、任务项目化、项目节点化、节点责任化、责任高效化。责任不落实,一切等于零。将"项目为王"的理念贯穿于全域土地综合整治工作的全过程。按照"年初谋划一批、申报一批,年中实施一批、督查一批,年终验收一批、奖励一批"的原则,狠抓项目统筹谋划、调查评估、制定计划、编报方案、项目推进和验收评估等关键环节,加大项目储备和实施力度。立足本地资源禀赋和资产关系,突出地域特色和比较优势,通过全区域规划、全要素统筹、全周期发力、全链条管控、全员动员参与,统筹新型城镇化和乡村振兴,促进城乡融合发展,优化村庄集中点、产业集聚区等空间布局。

3.1 统筹谋划、政府主导社会全员参与

3.1.1 基于全域整治体系，明晰项目生成路径

在国土空间规划指导下，统筹农用地、建设用地、生态修复和人居环境整治等重点任务，划定以功能化主导的重点整治片区或集成式的项目实施单元，统筹资金、指标、政策等要素，稳步推进全域土地综合整治工作。探索建立"县、镇实施方案—项目单元建设方案—年度实施计划"的全域整治体系，通过系统谋划、层层落实、生成整治项目，实现规划蓝图目标精准落地。

"县、镇实施方案"重在分解上位规划整治任务、明确重点整治区域，划定重点整治片区或集成式的项目实施单元，对用地布局、整治项目、资金平衡、支撑要素、整治时序等做出统筹研究；"项目单元建设方案"重在落实整治任务，对建设内容、项目布局、立项融资等实施内容做出具体安排；"年度实施计划"主要为当年计划实施的具体项目，包括项目内容、建设主体和时序、土地整备和资金测算等。

各地市细化分解本市域范围内各县（市、区）整治任务，各县（市、区）把任务进一步分解落实到各镇，各镇具体落实到集成式项目单元、整治项目，实行项目化、清单化管理，按照申报一批、实施一批、完成一批、验收一批的原则稳步推进。

3.1.2 建立分级管理机制，明确项目实施责任

省层面在省"百千万工程"指挥部框架下建立全域土地综合整治工作专班，市、县、镇参照省做法，分别成立以党政主要负责同志牵头的工作专班。

省工作专班：组织项目申报及项目实施方案审批工作，指导和监督项目实施，开展项目整体验收、成效评估。省发展和改革委员会、财政厅、生态环境厅、住房和城乡建设厅、交通运输厅、水利厅、农业农村厅、文化和旅游厅等协调机制部门依职责做好相关支持、指导工作。

市工作专班：审核同意项目申报，指导项目工作有序开展，在项目工程审批事项整合、资金保障等方面予以统筹支持，对项目实施进行监管，开展市级整体验收。

县工作专班：明确各项工作分工，组织项目申报、项目实施方案编制、

项目实施、项目阶段验收及县级整体验收工作，整合归并各相关部门审批事项，统筹项目工程立项审批、资金保障工作，强化风险管控，指导监督乡镇人民政府落实后期管护措施。

镇工作专班：明确各项工作分工，抓好项目各项具体工作落实，紧密联系群众，做好后期管护以及其他相关工作（图3-1）。

省工作专班	市工作专班	县工作专班	镇工作专班
组织项目申报，对项目实施方案备案，指导和监督项目实施，开展项目整体验收，组织开展项目成效评估。	审核项目申报及实施方案，统筹支持项目工程审批事项整合以及资金保障等，监管项目实施，开展市级整体验收。	项目申报、实施方案编制、项目实施、项目验收，统筹项目立项审批、资金保障工作，监督乡镇落实后期管护措施。	明确各项工作分工，抓好项目各项具体工作落实，紧密联系群众，做好后期管护以及其他相关工作。

各部门按照"渠道不乱、各负其责、集中投入、形成合力"的原则，共同参与土地综合整治工作

自然资源部门	发展改革部门	财政部门	经济和信息化部门
生态环境部门	住房和城乡建设部门	交通运输部门	水利部门
农业农村部门	文化和旅游部门		其他相关部门

图3-1 分级管理机制体系

3.1.3 明确项目实施步骤与项目管理要点

全域土地综合整治项目实施包含三大阶段、七个步骤（图3-2）。分为准备工作、项目实施和验收考评三大阶段。七个步骤包含调查评估、制定计划、编报方案、项目实施、组织验收、监督管护、绩效考评。项目实施周期一般为三年，原则上不超过五年。

图 3-2　全域土地综合整治项目实施流程

3.2 调查评估、全要素统筹分析整治潜力

3.2.1 全域土地综合整治项目潜力分析依据

全域土地综合整治项目潜力分析，以第三次全国国土调查（以下简称"三调"）、国土空间规划"双评价"和土壤调查等成果为依据，全面开展县域范围内农用地整理、建设用地整理、生态保护修复等整治潜力调查，同步摸查农房建设、产业发展、公共基础设施等各项用地需求以及群众意愿，建立完

善全域土地综合整治潜力数据库和项目储备库。由县级自然资源主管部门组织进行土地整治潜力研究，农业农村、生态环境、住房和城乡建设等相关部门配合进行。

> **知识专栏 3-1**
>
> 土地整治潜力研究
>
> 深入开展土地整治潜力调查研究，全面掌握农村土地利用现状、村庄建设以及土地后备资源情况。从村庄类型、整治规模、规划布局等多角度出发，全面分析空间布局优化可行性，挖掘耕地开发潜力、旱地开发水田潜力、未利用地开发水田潜力等，使全域土地综合整治更科学、更合理。在潜力分析的基础上，全域土地整治项目应选址在发展需求明确、规划实施统筹性强、整治需求强、群众意愿高的区域，符合以下条件的优先选择：（1）国土空间规划实施重点区域。（2）空间布局优化、耕地连片整治、资源盘活和生态修复提升潜力大，产业发展需求大的区域。（3）资源禀赋好，各类子项目集成度高，具备成片推进条件的区域。（4）有社会资金投入的乡村产业、农村一二三产业融合项目所在区域。

3.2.2 全域土地综合整治项目潜力分析流程

全域土地综合整治的潜力调查与分析是开展整治分区划定与农用地空间、建设用地空间与生态用地空间布局优化的前提基础，需要通过构建科学合理的评价技术体系以评估整治区域的潜力。

农用地整治潜力主要分析调查区域内的高标准农田建设潜力、垦造耕地潜力、旱地改水田潜力、其他耕地质量提升潜力、耕地功能恢复潜力。其中垦造耕地潜力和旱地改水田潜力以前期已经开展的全市域土地整治后备资源潜力调查项目成果为准，本次不再重复调查，各区县（市）可补充更新。具体分析程序通过综合"三调"数据、耕地数量与质量、用地破碎度、坡度分析以及建设用地管制区等数据分析，提取耕地及周边零星的园地、林地及其他农用地，形成潜力调查底图，并结合外业调查核实，对宜耕后备资源开发、耕地质量提升等潜力进行系统分析。

建设用地整治潜力主要分析调查区域内城镇村生产空间中的城中村等城

镇低效用地、"低散乱"工业用地、零星布点的"空心村"或基础设施和公共设施配套不全、环境品质较差的旧村和居民点等需要进行清退或提升再利用的潜力规模及分布情况。具体分析程序：以整治区域的"三调"数据为基础，结合人均村庄建设用地规模、农村宅基地及其他建设用地规模、用地破碎度等数据，进行拆旧复垦潜力、盘活建设用地潜力、建设用地规划减量化潜力等潜力分析。

生态保护修复潜力主要分析调研区域内矿山整治修复、损毁土地修复、土壤污染修复、小流域治理、海域海涂治理修复、林地修复等潜力及其分布情况。具体分析程序：综合"三调"数据、自然保护地、建设用地管制区、地区的归一化植被指数（NDVI）、疏林地规模、生态用地破碎度等数据，形成新增林地、自然保护地情况、生物多样性、自然灾害防御等潜力分析结果（图3-3）。

案例专栏 3-1 ▶

广州市从化区建立土地整治潜力分析模型，形成"全域土地整治潜力一张图"，助力规划项目实施

广州市从化区以自然属性指标（最新土地变更数据、最新高清影像图、DEM数据、农用地分等定级、"双评价"成果等）以及规划属性指标（生态保护红线、永久基本农田、水源保护区、城镇开发边界、法律法规禁止区域等）为核心，建立了较完整的土地整治潜力分析模型，形成"全域土地整治潜力一张图"，助力规划项目实施。以农用地整理为例，通过与国土空间规划、林业专项规划、水源保护等专项规划相协调，选取位于生态保护红线、水域保护区等控制范围外，且位于城镇开发边界范围外，或位于永久基本农田保护区域内或与永久基本农田连片的农用地作为适宜整理的重点区域。最终梳理形成了宜耕后备土地资源1914.74公顷；具垦造水田潜力用地1015.83公顷，具质量提升潜力耕地2983.51公顷，具复垦潜力农村居民点384.54公顷，具生态保护修复潜力用地2120.63公顷。分析结果进一步揭示了差异化的地区整治潜力：北部地区开展源头保护、水源林抚育、地灾防治等生态修复潜力较高；中西部地区开展补充耕地、垦造水田、高标准农田等多元化的农用地整理潜力较高；中南部地区开展低效用地盘活、增资扩产等建设用地整理潜力较高。

第三章 行动篇

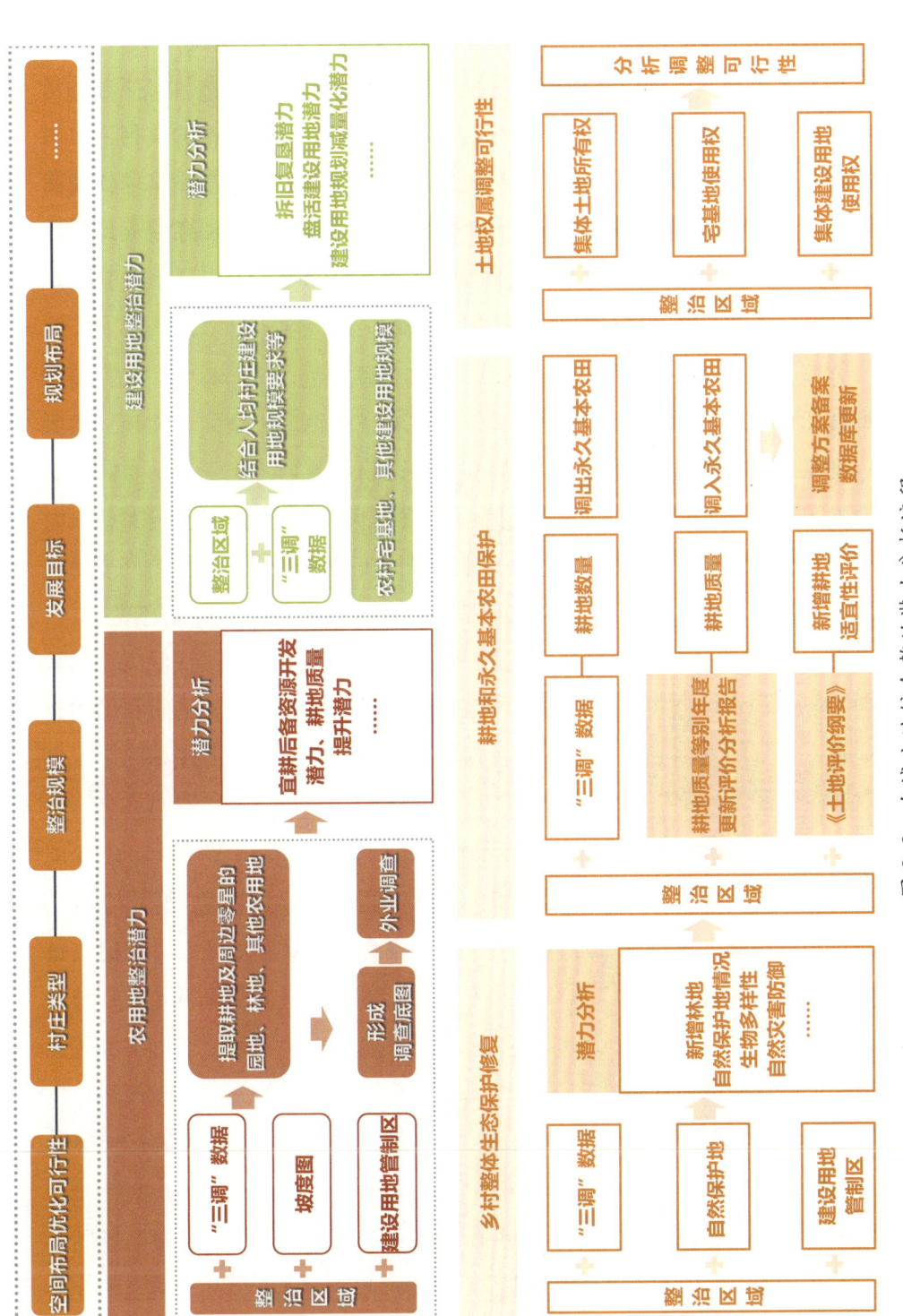

图 3-3 全域土地综合整治潜力分析流程

3.3 制定计划、全地域规划落实整治任务

在拟实施全域土地综合整治地区的乡镇国土空间总体规划、村庄规划或镇村国土空间集成规划中，按指引分级明确整治的目标、项目和区域，以及整治的规模、布局和时间顺序。县级人民政府根据规划和项目储备库情况，科学编制土地整治年度计划，统筹安排县域内各项整治任务和项目并按程序组织申报，经市自然资源主管部门及同级人民政府审核后，报省整治专班备案。

3.3.1 推进实施方案与镇村规划协同编制

统筹乡村布局规划、村庄建设规划、农房风貌规划，结合省"百千万工程"典型镇和全域土地综合整治项目建设，加快完成乡镇国土空间总体规划编制与审批工作，明确整治的规模、布局和时序，将整治项目纳入国土空间规划"一张图"；按需务实推进村庄规划优化提升工作，对全域土地综合整治、农民建房、农村公共服务和基础设施、乡村产业等近期建设项目做出空间安排；试点推进镇村联动编制国土空间集成规划，及时总结经验，完善配套政策。

强化对涉及空间利用的专项规划的指导，落实专项规划清单管理，将交通、水利、产业、农村公共服务和基础设施等专项规划中涉及国土空间利用的整治项目，全部纳入国土空间规划"一张图"管理，作为规划调整和用地报批的依据。

3.3.2 建立项目整体立项与实施模式

坚持高起点全域规划、高标准整体设计、高效率综合治理，基于全域土地综合整治实施方案，围绕重大项目、重点平台和重点整治区域，划定全域土地综合整治项目单元。以项目单元为单位，建立集成式项目单元综合开发模式与项目管理体系，单元内整治子项目建立项目立项联合审批机制，实施方案经批准并备案后，可作为全域土地综合整治包含的各类子项目的立项依据，子项目无需另行单独办理立项审批。并以项目单元为单位，规范综合立项、审查、报批、验收、评估、监管等全流程。

镇级人民政府按照经批准的实施方案，统一组织实施工程建设，推广一体化推进方式。充分发挥地方投资平台投融资、资本运作和产业发展等优势，提高项目实施效率和建设质量。

3.3.3 综合整治项目分类细化管理

按照整治分区和用途管制要求,细化整治类型,明确整治目标,细化整治指标,统筹项目安排,主要包括农用地整理、建设用地整理、矿山生态修复、海洋生态修复等类型。

适应现代农业发展和规模经营的要求,优化耕地和永久基本农田布局,减少耕地"碎片化"数量,扩大永久基本农田连片规模,在耕地集中连片的整治分区内,部署高标准农田建设、水田垦造、耕地恢复、补充耕地等项目,完善农田基础设施,落实耕地数量、质量、生态"三位一体"保护目标。落实耕地保有量、永久基本农田保护区面积,建立耕地种植用途管制措施。

集约节约使用土地,开展建设用地"增减挂钩"。根据乡村振兴和村庄发展需要,科学布局农村宅基地、产业发展、古村落保护、村内公共服务设施等项目,整体推进农村建设用地布局优化整理,实现建设用地集约节约、集聚高效利用。对城镇集聚区进行统一整治,优化建设用地布局,提升产业利用效率,管控建设用地的开发利用。

对于矿产资源开发造成的地质环境和生态问题,坚持源头严控、过程严管、末端修复,对矿产资源开发、地质环境恢复治理、土地复垦利用和生态系统修复进行统一规划、统一设计、同步实施,综合运用地貌重塑、土壤重构、植被重建、景观再现、生物多样性重组等措施,保护矿区安全,恢复矿区生态功能。

对海域、海岛、海岸带等区域重要生态系统进行保护和修复,具体包括对红树林、盐沼、海草床、海藻场、珊瑚礁、牡蛎礁等典型生态系统和岸滩、海湾、河口、海岛等综合生态系统进行修复。

3.4 编报方案、全周期发力制订方案流程

3.4.1 全域土地综合整治实施方案的定位

全域土地综合整治实施方案是贯彻落实国土空间总体规划及相关专项规划的重要举措,是实现空间从失序到有序、从零散到集聚、从粗放到集约、从规划到落实治理的重要抓手,是对行政区域内全域全要素综合整治做出的

具体安排，具有实操性、约束性，是开展全域土地综合整治的重要"蓝图"与"清单"。

县、镇级人民政府负责组织编制全域土地综合整治实施方案，明确具体整治范围、整治目标、整治内容、资金筹措办法、保障措施、实施计划、预期成效等，鼓励各地探索跨乡镇、以县域为单元开展全域土地综合整治。实施方案经市级批准后，报省整治专班审批后实施。涉及城镇开发边界和永久基本农田布局局部优化调整的，按程序同步编制调整方案。

在实施范围确定后，由县级人民政府组织相关部门和乡镇编制实施方案。实施方案编制应在切实做好地籍调查、确保权属清晰的基础上，以最新年度国土变更调查成果为工作底图，以国土空间规划和已划定的"三区三线"成果为依据，明确整治目标、任务、项目安排、空间布局和实施时序等。方案编制完成后，应公开征求所涉及村庄的村民意见，经村民委员会同意后，逐级报省级自然资源主管部门批准。涉及"三区三线"局部优化、建设用地拆旧建新及整合盘活利用、土地权属调整等相关内容统一纳入实施方案一并报批；其中涉及增减挂钩项目跨县域流转节余指标的，须报省级人民政府或由省级人民政府委托的省级自然资源主管部门批准。方案经批准后，实施范围内整治前后的空间信息要及时逐级汇交至全国国土空间规划"一张图"系统，强化全周期管理。

3.4.2 全域土地综合整治实施方案的编制原则

一是落实上位规划要求，明确工作任务。充分衔接和传导各级国土空间规划以及其他专项规划成果，落实相关规划重要任务，落实各项指标内容，明确实施方案具体工作任务和目标，实行全域规划、全要素综合整治，优化国土空间格局，全面提升全域国土空间格局、产业和人居环境及生态面貌。

二是夯实项目落地基础，重构资源潜力。在对各类整治潜力的分析和项目库的统筹谋划基础上，通过座谈与实地调研踏勘等方式，结合土地利用现状数据、影像数据、各类自然资源要素专项调查数据等，从项目落地的可行性角度，进一步修正和优化各类整治资源潜力，确保项目可落地、可实施，确保完成规划指标任务。

三是识别重点整治区域，落实具体项目。结合各级国土空间规划成果中主体功能区、发展方向、发展策略等重要内容，识别重点整治区域，明确分区整治修复主攻方向；结合分解的农用地整理、建设用地整理、生态保护修复、历史文化保护等各项整治任务，统筹涉农资金，建立实施方案期限内分年度实施项目库，并基于资源潜力重构，落实具体子项目范围到图斑，建立项目信息矢量数据库。

全域土地综合整治实施方案编制流程和技术路线详见图3-4和图3-5。

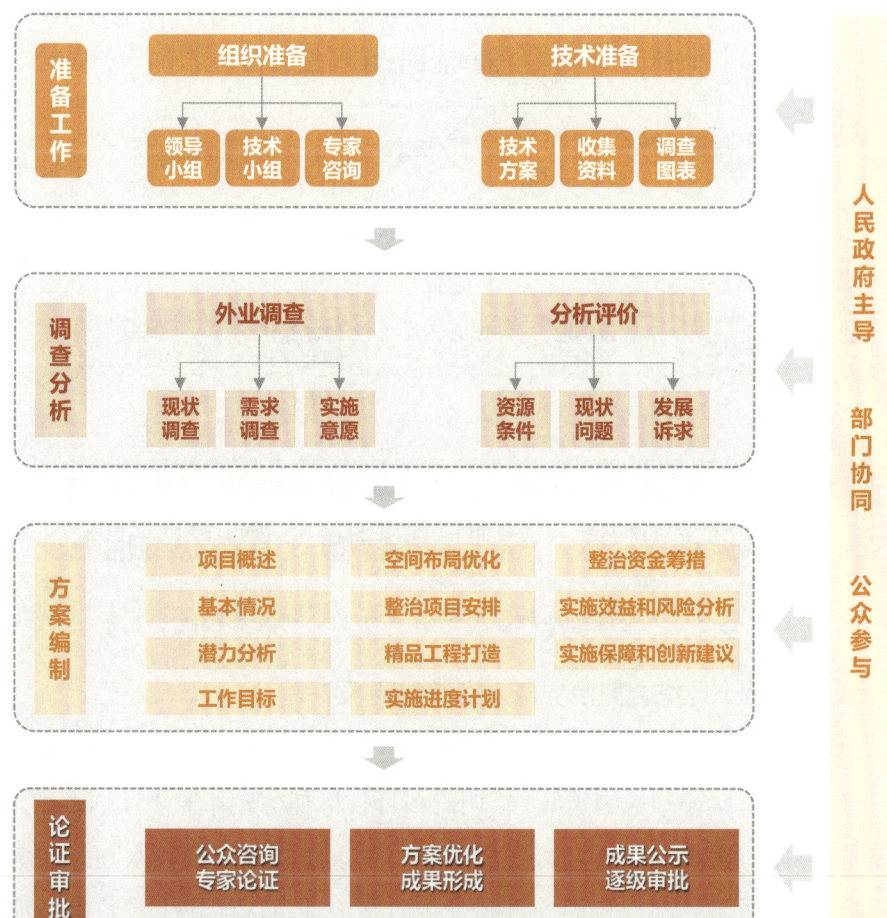

图3-4 全域土地综合整治实施方案编制流程

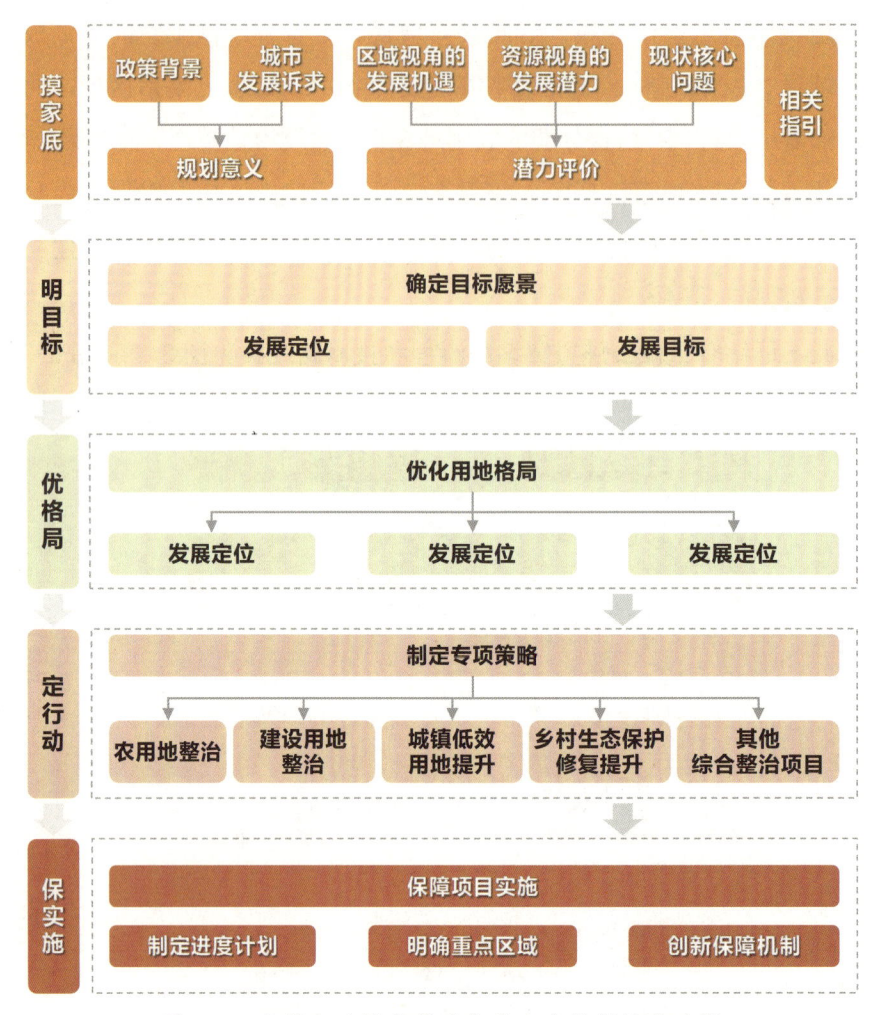

```
摸家底: 政策背景 / 城市发展诉求 → 规划意义 ; 区域视角的发展机遇 / 资源视角的发展潜力 / 现状核心问题 → 潜力评价 ; 相关指引
明目标: 确定目标愿景 —— 发展定位 / 发展目标
优格局: 优化用地格局 —— 发展定位 / 发展定位 / 发展定位
定行动: 制定专项策略 —— 农用地整治 / 建设用地整治 / 城镇低效用地提升 / 乡村生态保护修复提升 / 其他综合整治项目
保实施: 保障项目实施 —— 制定进度计划 / 明确重点区域 / 创新保障机制
```

图 3-5　全域土地综合整治实施方案编制技术路线

3.4.3 全域土地综合整治实施方案编制要求

1. 内容要求

（1）实施方案编制应因地制宜，明确项目目标任务，结合省"百千万工程"统筹项目实施方案编制工作，将发展改革、财政、农业农村、水利、住房和城乡建设、交通等各部门相关项目和资金向整治项目区域集中，明确专项目标任务、资金使用方案、任务完成计划并负责资金的统筹、拨付、绩效评价和监督检查工作，促进全域土地综合整治目标任务与区域国民经济社会发展规划相协调。

（2）应严格依据乡镇国土空间总体规划（按规定不编制乡镇国土空间总体规划的，依据县级国土空间总体规划）和村庄规划（按规定不编制村庄规划的，依据详细规划）编制项目实施方案，落实规划确定的国土空间综合整治目标和项目安排，结合实际情况识别、划定整治区域。注重与发展规划、乡村振兴规划以及其他专项规划的统筹协调和相互衔接，做到可操作、能落地、易实施。

（3）整治区域涉及的村庄应按需务实推进村庄规划编制或优化提升（纳入城镇开发边界或随城镇统筹编制详细规划的村庄，按详细规划的规定编制和实施规划），将整治任务、指标和布局要求落实到具体地块，并及时纳入省国土空间规划"一张图"实施监督系统。

（4）项目实施方案应确定整治区域和单体工程选址，单体工程应结合项目的目标任务、规划情况、自然生态条件、土地整治潜力、产业发展基础、权属状况、群众意愿等，因地制宜进行科学合理安排。

（5）项目涉及耕地和永久基本农田优化调整的，应按照"以补定占、先补后调"的原则，在数量有增加、质量有提升、生态有改善、布局更优化的前提下，稳妥有序实施。

（6）整治区域涉及飞地和插花地等集体土地所有权确需调整的，应当征得涉及调整的农村集体经济组织三分之二以上成员或者三分之二以上村民代表同意；涉及宅基地使用权、集体建设用地使用权、土地承包经营权等调整的，应当征得权利人同意，并组织编制土地权属调整方案。

（7）项目地区编制相关规划和实施方案时，应充分听取和尊重当地群众意愿；有关规划、实施方案经批准后应及时公布，接受群众监督。

2. 其他要求

（1）方案应公示并取得整治区域所涉的村集体经济组织的同意。

（2）整治后耕地数量质量有提升、集中连片度有提高、零星分散图斑有减少，新增耕地可以长期稳定利用。

（3）涉及永久基本农田调整的，按照自然资源部、省政府等有关文件要求，按程序稳妥有序实施。

（4）涉及耕地流出的，需要在项目区内落实耕地"进出平衡"或"占补平衡"。

（5）方案中所涉规划新增建设用地不得增加，城镇开发边界扩展倍数不得增加，同时充分考虑土地节约集约利用水平，农村建设用地总量原则上不再增加，闲置宅基地和闲置农房盘活利用，应优先用于保障农民居住需求。

（6）确需统筹优化城镇开发边界的，按照自然资源部、省政府等有关文件要求，县级以上自然资源主管部门根据已批准实施的县域全域土地综合整治方案，按规定编制城镇开发边界局部优化方案（每县每年原则上不得超过一次）并报有关部门审定、备案。

（7）涉及农民补偿安置的，要充分尊重农户意见，积极探索多渠道的安置方式，严格限制安置周期并按有关规定落实相应补偿，按补偿安置协议的约定安置到位。农村安置回迁任务必须纳入"阳光征迁"场景，实行全过程监管。

（8）不突破生态保护红线管理要求，符合零散林地调整规定，生态空间布局更加优化，对历史文脉有效保护，涉及古树名木的，制定古树名木保护方案并经专家论证。

（9）明确各子项目资金落实途径，实现资金投入和产出平衡。

（10）科学布置农田灌排设施，编制水土保持方案并按规定报具有相应审批权限的水行政主管部门审批，涉及水土流失重点预防区的，应开展水土流失重点预防区不可避让论证。涉及水域空间调整的，确保水域面积不减小、功能不减退。

3. 全域土地综合整治实施方案申报要求

（1）申报材料。县级自然资源主管部门填报《广东省全域土地综合整治项目申报表》，并参照《广东省全域土地综合整治项目实施方案编制指南（2024年版）》等有关文件要求组织编制实施方案。涉及永久基本农田调整或城镇开发边界局部优化的，要按规定同步编制调整方案；涉及土地权属调整的，要依法律规范编制土地权属调整方案进行报批；对于项目实施过程中可能出现的各类风险，整治地区应提前做好风险评估并制定切实可行的预案。

（2）申报程序。实施方案由县级自然资源主管部门报经县级人民政府同意后，报送市自然资源主管部门审核并形成推荐文件（辖区推荐申报项目基本情况、主要工程内容、审查推荐意见等）。经市级人民政府同意后，由市自然资源主管部门将申报材料报省自然资源厅。省自然资源厅将会同有关单位，组织开展现场踏勘、专家评审，经省自然资源厅联合审查批复后的全域土地综合整治实施方案，纳入省级项目库，可按相关程序调整城镇开发边界和永久基本农田、获得财政资金奖补等。

（3）申报要求。为防范地方隐性债务，各地要根据自身财政承受能力和投资能力量力而行、尽力而为；要强化在政策风险、市场风险、资金监管风险和项目管理风险等方面的风险评估，严格把控好风险防控关口。对过度依靠水田和拆旧复垦等指标、违反有关负面清单的项目，一律不予安排。各地要开拓创新，在项目实施主体、实施模式、运营模式、自然资源价值转换等方面积极探索，创新健全体制机制，统筹各类涉农资金，实现全域土地综合整治资金平衡、投入多元化、实施模式多样化。

3.5 项目实施、全链条管控执行组织行动

县级人民政府按照经批准的实施方案，统一组织实施主体具体实施，按规定履行审批、核准、备案以及招投标等相关手续。建立全域土地综合整治联合审批立项机制，实施方案批准可视同完成整体项目立项，子项目无需另外单独申请立项。涉及用地用林用海的，应依法依规办理相关审批手续。涉及土地权属调整等，应在项目动工前编制土地权属调整方案并依法报批。涉及农村土地经营权流转的，要做实做细群众工作，确保依法依规合理流转。涉及农村拆旧建新的，在尊重农民意愿前提下，可先建新村，具备搬迁条件后再拆旧村。

3.5.1 全域土地综合整治项目实施程序

项目实施方案经省自然资源厅批复后，项目所在县级人民政府应及时印发具体工作方案，强化项目工程实施的组织、制度、资金、监管等方面的保障，统筹推进工程实施，创新问题解决方式，将其打造成精品工程、示范工程。按照经批准的实施方案，依法依规履行项目审批、核准以及招投标程序，

依据相关技术规范分年度科学有序推进项目实施。

（1）招投标管理。全域土地综合整治项目严格实行法人制、公告制、招投标制、合同管理制、工程监理制等各项制度，按照国家有关招标投标、政府采购等规定确定施工单位、监理单位，组织进场施工，并按照规定进行工程结算、财务决算和竣工验收。

（2）施工过程管理。按照子项目实施方案和工程设计等进行施工。确有必要调整子项目实施方案的，按照资金管理办法等相关规定分类处置；拟对实施区域、实施内容、绩效目标等做出重大调整的，拟调整区域、实施内容等涉及的工程应立即停工，待实施方案及工程设计按照有关规定批准或备案后再行实施，不得边审批、边施工。对地方财政转移支付资金支持项目，各地应参照上述原则要求，对实施方案调整做出具体规定。

（3）资金管理。需编制全域土地综合整治项目专项资金使用工作方案，填报绩效目标表，工作方案和绩效目标表报省自然资源厅备案。工作方案应明确项目承担单位、绩效目标、实施任务、保障机制等内容及项目实施监督、验收和绩效评价等工作。要严格按照工作方案推进项目实施，落实工作责任，确保项目实施进度和实施效果符合要求，按照规定的开支范围加快支出进度。

（4）风险防范。实施过程应落实风险评估论证制度，有效落实风险防范措施。原则上不得开展合村并居，对承载当地传统历史文化内涵的特色村庄要坚决予以保留；严禁违背群众意愿搞大拆大建，不得强迫农民"上楼"；对因环境条件差、生态脆弱、自然灾害频发等原因确需搬迁撤并村庄的，要严格落实党中央、国务院关于严格规范村庄撤并工作的有关要求。严禁出现自然资源部明确的负面清单情况。

项目建设涉及群众切身利益的，应充分征求群众意见，对于当地群众可直接参与的，应鼓励群众以投工投劳等方式参与实施。实施整治活动时，应运用好村民议事决策机制，坚决防范少数人说了算、多数人被代表的问题。涉及土地权属争议或权属重叠等纠纷的，应先行依法调处化解。

3.5.2 农用地整理实施要点

优化耕地和永久基本农田布局。引导零散坡耕地以及位于生态保护红线、自然保护地等范围内难以长期稳定利用的耕地和永久基本农田逐步退出。统筹耕地、林地、园地等农用地空间布局，稳妥有序推进"山上"换"山下"耕地布局优化工作。

加强高标准农田建设。实施《广东省高标准农田建设规划（2021—2030年）》，采取灌溉及排水设施建设、田间道路配套、地块归并整理和土壤改良等综合措施，逐步把永久基本农田全部建成高标准农田。统筹开展秸秆还田、酸化耕地治理，推进耕地水土流失综合治理、土壤污染防治，持续提升耕地质量。

全面推进耕地集中整治。有条件的市、县，编制耕地保护专项规划，结合上级任务分解，划定耕地集中整治示范区。通过耕地恢复、宜耕后备资源开发、高标准农田建设、建设用地复垦等方式，推进农用地整理，整理区域内耕地连片度至少提升 10%。

全力提升耕地质量。结合"百亩方、千亩方、万亩方"（指"百千万工程"中的永久基本农田集中连片治理工程）建设，确需对少量破碎的永久基本农田地块进行布局优化调整的，按照"先补后调、质量不降、数量增加"的原则，依据有关规定稳妥有序实施。严格落实耕地占补平衡，坚持"以补定占"，确保年度耕地总量动态平衡。有序引导高标准农田建设资金投放，逐步将耕地集中整治区、永久基本农田全部建成高标准农田。推进耕地水土流失综合治理、土壤污染防治和耕地种植用途管控，分类分年度推进撂荒耕地复耕复种。

探索建立耕地种植用途管控机制，加大对农业产业结构调整的引导。分类推进撂荒耕地复耕复种，建设规模化经营的现代农业产业园。创新"股票田"、连片流转、互换并地、土地托管等模式，推动农业适度规模经营，稳妥推进土地经营权集中流转，统筹建设一批规模化经营的农业产业园、田园综合体。在集中连片耕地周边按照一定比例统筹规划设施农业用地和零星、分散的建设用地，促进现代农业发展。

3.5.3 建设用地整理实施要点

全面加强自然资源节约工作，以健全自然资源节约集约利用制度、完善资源要素市场化配置为主线，推进自然资源总量管理、科学配置、全面节约、循环利用，到 2025 年，单位国内生产总值建设用地使用面积要比 2020 年降低15%以上；到2035年，土地供应中存量用地占比大幅提升，单位国内生产总值建设用地使用面积要比2020年降低40%以上。

深入开展"节地提质"攻坚行动，坚持以"亩均论英雄"为目标导向，围绕亩均增加值、亩均税收、亩均投资等指标，推动全省土地资源要素配置更加高效，土地开发利用效率和产出效益持续提高，广东高质量发展空间要素得到有效保障。

合理推进农村建设用地拆旧复垦，推动农村居民点集聚。推进农村旧住宅、闲置废弃宅基地、空心村、零星建设用地等低效闲置建设用地拆旧复垦，稳慎推进搬迁撤并类村庄和零星农村居民点集聚，实施"房券"、货币补偿或统一规划建设安置房；严格落实"一户一宅"等宅基地管理规定，加强农村新建住房全程监管，坚决整治农村乱占耕地建房问题。有条件的地区可试点开展"一户多宅"等历史遗留问题清理整治行动。探索宅基地资格权的多种实现形式，推动盘活闲置宅基地和闲置住宅，鼓励农村村民依法自愿有偿退出闲置宅基地，有条件地区试行固化宅基地资格权。实施城镇低效用地整治再开发。加快批而未供和闲置土地处置，每年需按照国家、省有关要求完成相应的处置任务；推进征地留用地高效开发利用。珠三角地区九市，稳妥推进"二调""三调"均为建设用地的历史遗留用地按建设用地办理土地征收等手续；对实施区域统筹和成片开发涉及的边角地、夹心地、插花地等零星低效用地，探索开展集体建设用地之间、国有建设用地之间、集体建设用地与国有建设用地之间的置换。优化实施"三旧"改造，分类推进城中村、城镇老旧小区等更新改造，妥善处理历史遗留用地问题，提高城镇土地利用效率。适用国家城中村改造、低效用地再开发政策的整治区域，可充分运用自然资源资产组合供应、土地置换、完善历史用地手续等政策，加快盘活利用低效存量用地。

促进低效工矿用地提质增效。有序推动"一县一园"建设，每个县域集中力量打造一个省级工业园区，重点保障承接产业有序转移主平台、大型产业集聚区、省级产业园等省级以上园区平台用地需求。推进县、镇、村工业园区集聚发展，引导工业建设项目向工业用地控制线内集聚，珠三角地区面积小于 100 亩的村镇工业集聚区应列为重点改造对象，实现至 2027 年集聚程度提升 10% 以上。

结合地灾防治、矿山修复推进建设用地整理。综合治理农房周边地质灾害隐患点，逐步推进整村搬迁避让、统一安置，统筹推进耕地保护、矿山地质环境治理、村庄搬迁安置、农村人居环境整治、绿色矿山建设等各项工作；推进历史遗留废弃采矿用地整治，加快实施废弃矿山综合利用项目，推进有条件的项目发展旅游、体育、康养等生态产业。

案例专栏 3-2 ▶

惠州市龙门县龙江镇通过"矿地融合，绿色发展"实施全域土地综合整治

龙江镇时刻聚焦问题导向、目标导向，以矿山生态修复为重点，充分衔接乡镇级国土空间规划和试点涉及的村庄规划，系统解决"矿地矛盾"，统筹推进耕地保护、矿山地质环境治理、村庄搬迁安置、农村人居环境整治、绿色矿山建设等各项工作，有效改善矿区周边人居环境，夯实产业发展基础，以腾空间、增耕地、强活力，助推"矿地融合，绿色发展"，为全域土地综合整治贡献"龙门经验"（图 3-6）。龙江镇全域土地综合整治中一项重要工作即鹤山、赖屋、井头、二阁楼、四阁楼等 5 个村民小组整体搬迁安置。结合"全域土地综合整治试点＋农村宅基地制度改革试点"双试点的优势，龙门县以农村宅基地制度改革为抓手，通过土地权属调整、换发新的不动产登记证，龙江镇保证村民"住有所居、生态宜居、原宅换新宅"。并结合集体经营性建设用地入市政策，对原有旧宅基地进行回收，结合村庄规划布局，在搬迁安置点和原有旧村庄适当预留部分集体经营性建设用地，发展餐饮、农家乐、民宿、综合服务等产业，建立并完善收益共享机制，强化搬迁安置后村民的收入保障，实现以"安居"促宜居宜业和美乡村建设。

图 3-6 惠州市龙门县龙江镇矿地融合整治

3.5.4 国土空间生态修复要点

系统实施国土空间生态修复，打造生态保护修复项目示范工程。坚持山水林田湖草沙一体化保护和系统治理，筑牢"三屏五江多廊道"生态安全格局。落实省"双重"工程，实施红树林保护修复专项行动，实施历史遗留矿山生态修复，推进海岸线整治修复、魅力沙滩打造、海堤生态化、滨海湿地恢复以及美丽海湾建设等海洋生态保护修复"五大工程"。

加快打造绿美生态网络。扎实推进绿美广东生态建设"六大行动"，实施林分林相改造，"点线面"结合立体式推进城乡绿化美化，建成一批森林乡村和绿美古树乡村，高质量建设万里碧道，因地制宜建设绿美碧带，建成互联互通的绿美生态网络。持续优化城乡绿美空间。统筹城乡绿化美化，推进林分林相改造，持续提升"五边"绿化美化品质，深入开展"四旁"植绿活动，因地制宜打造一批"四小园"小生态板块。

政策专栏 3-1

《自然资源部办公厅　国家林业和草原局办公室关于印发〈红树林造林合格面积认定及成果应用规则（试行）〉的通知》（自然资办发〔2022〕27号）（节选）

1.各地依据《红树林植被恢复技术指南》《红树林建设技术规程》《海洋生态修复技术指南（试行）》《红树林生态修复手册》等技术标准规范，开展红树林造林，经过不少于2年的管护期且造林项目验收通过的，可通过年度国土变更调查或日常变更机制，申请红树林造林合格面积认定。其中，造林项目中的红树林造林合格面积应满足以下要求：单位面积红树林幼树保存的株数达到相应树种造林保存指标的要求，或红树植物群落中的植被覆盖度中红树植物遮盖地面的百分比大于20%。

2.自然资源部国土空间生态修复司会同自然资源调查监测司、国家林草局湿地管理司于每年1月31日前，将认定的上一年度各省红树林造林合格面积送自然资源部国土空间用途管制司。自然资源部将按经认定的红树林造林合格面积的40%，对地方给予新增建设用地计划指标奖励，在下达土地利用年度计划时予以安排。

政策专栏 3-2

《自然资源部办公厅 国家林业和草原局办公室关于印发〈红树林造林合格面积认定及成果应用规则（试行）〉的通知》（自然资办发〔2022〕27号）（以下简称"《认定应用规则》"）（节选）

根据《广东省自然资源厅关于2022年土地利用计划管理的通知》（粤自然资发〔2022〕7号）精神，广东省在《认定应用规则》的基础上，将按年度红树林造林合格面积的10%，对地方增加奖励新增建设用地计划指标，对符合《认定应用规则》要求的红树林造林合格面积，申请自然资源部40%新增建设用地指标奖励。

政策专栏 3-3

《广东省自然资源厅关于印发〈海岸线占补实施办法（试行）〉的通知》（粤自然资规字〔2021〕4号）（节选）

（一）……2017年10月15日粤府办〔2017〕62号文印发后，在广东省海域内申请用海涉及占用海岸线的项目，必须落实海岸线占补。具体占补要求为：大陆自然岸线保有率低于或等于国家下达广东省管控目标的地级以上市，建设占用海岸线的，按照占用大陆自然岸线1∶1.5、占用大陆人工岸线1∶0.8的比例整治修复大陆海岸线；大陆自然岸线保有率高于国家下达广东省管控目标的地级以上市，按照占用大陆自然岸线1∶1的比例整治修复海岸线，占用大陆人工岸线按照经依法批准的生态修复方案、生态保护修复措施及实施计划开展实施海岸线生态修复工程；建设占用海岛岸线的，按照1∶1的比例整治修复海岸线，并优先修复海岛岸线。

（二）海岸线占补可采取项目就地修复占补、本地市修复占补和购买海岸线指标占补等多种方式。

政策专栏 3-4

《广东省自然资源厅关于印发〈海岸线占补指标交易办法（试行）〉的通知》（节选）

1. 在充分分析本地区自然岸线保有率现状情况、项目建设占用海岸线需求的前提下，沿海各地级以上市或县（市、区）自然资源主管部门经同级人民政府同意，可向省自然资源厅提出海岸线占补指标购买申请。2. 海岸线占补指标交易价格通过网上公开竞价方式确定,最低保护价为 20 万元 / 米,最高限价为 50 万元 / 米,低于保护价的不能成交,高于最高限价的按最高限价成交。3. 海岸线占补指标交易收入 30% 分配给省,20% 分配给地级以上市,50% 分配给县(市、区)。海岸线占补指标交易收入资金结算按照省财政厅有关规定执行,由各级财政通过一般公共预算转移性收入和支出科目反映其中地级以上市、县(市、区)交易收入列"1102199 其他转移性收入"科目,交易支出列"2302199 其他转移性支出"科目,省级交易收入由省财政厅定期发文通知上解,在当年度省与地级以上市、县(市、区)财政年终结算时办理。

3.5.5 人居环境整治升级要点

打造村庄集中的和美乡村。实施《农村人居环境整治提升五年行动方案（2021—2025 年）》，扎实推进农村厕所革命，统筹农村改厕和生活污水、黑臭水体治理。深化"四好农村路"示范创建，推动农村公路建设项目向进村入户倾斜。以县为单位健全农村生活垃圾收运处置体系，完善县镇村三级设施和服务，建设一批区域农村有机废弃物综合处置利用设施。

推进农房管控和风貌提升。推进农房外立面美化整治，保护与活化利用历史文化名镇名村、传统村落、文物古迹、历史建筑，持续开展历史文化名镇名村、中国传统村落申报，推进传统村落集中连片保护利用示范工作。

3.6 底线思维、切实保障整治项目质量和实效

3.6.1 组织验收

按照项目管理有关规定和权限，统筹实施子项目验收、阶段验收和整体验收。涉及现状地类或种植属性调整的，及时纳入日常变更或年度变更调查进行变更。涉及产生补充耕地、增减挂钩等指标的，应落实指标核定相关程序要求。

（1）子项目验收。子项目牵头部门根据子项目的项目验收程序和标准，组织办理竣工测绘、验收报批等有关手续。验收合格的，由县级自然资源主管部门收集子项目验收意见。

（2）阶段验收。各子项目牵头部门根据子项目现阶段的项目实施和验收情况，结合阶段实施目标，向有关部门提出阶段验收申请。

（3）整体验收。以镇域为实施单元的项目：由乡镇人民政府向县级自然资源主管部门提出整体验收申请，经县级自然资源主管部门初审后，报县级人民政府批准验收。以县域为实施单元的项目：由县级人民政府向市级自然资源主管部门提出整体验收申请，经市级自然资源主管部门初审后，报市级人民政府批准验收。验收不合格的，项目地区应限期整改，整改完成后，重新验收。

知识专栏 3-2

耕地与永久基本农田验收工作要点

耕地和永久基本农田验收时，均应实测新增耕地和永久基本农田面积，不得仅靠"图上作业"或以系数测算新增耕地和永久基本农田面积。验收合格的，由自然资源主管部门更新耕地和永久基本农田数据库，并与国土变更调查工作做好衔接。涉及"进出平衡"的耕地，需在部国土空间规划"一张图"系统中备案；涉及永久基本农田调整的，整治区域完成整治任务通过验收并报自然资源部备案确认后，需及时在部永久基本农田监测监管系统中上图入库。涉及权属调整的，验收后项目地区应及时组织相关权利人按照经批准的权属调整方案、权属调整协议以及有关用地批准文件等，依法申请办理不动产登记。

知识专栏 3-3

项目验收材料

全域土地综合整治项目验收应根据不同项目的整治类型，参考现有项目验收规范准备相关材料，包括但不限于以下材料：（1）项目验收申请文件。（2）相关验收检查表、国土变更调查记录表、验收报告书。（3）项目竣工报告。（4）建设单位、施工单位自验报告和监理工作总结。（5）项目规划图、竣工成果图（勘测技术报告）、变更调整图等相关图件。（6）可行性研究和规划设计及预算文本。（7）工程审计报告、财务审核报告和土地重估报告。

3.6.2 监测管护

做好验收考核和后期管护。应当依据实施方案分年度开展阶段验收；项目实施完成后，应按照"谁立项、谁验收"原则，依据相关规范开展整体验收，明确后期管护责任，落实管护资金来源，确保长期发挥效益。涉及相关规划修改和"三区三线"等基础数据变更的，依法履行相应程序。涉及权属调整的，依法依规做好不动产登记。

1. 后期管护

省自然资源厅构建"天地空"三位一体的监测预警平台，对综合整治中耕地和永久基本农田、建设用地整理所涉的地类、面积、位置、形态四个维度指标进行动态跟踪监测。市、县级自然资源主管部门对整治项目进度和工程质量等进行日常监管。高标准农田建设、垦造水田、工业园区改造等项目工程竣工验收通过后，由县级政府组织镇政府与管护义务人签订建后管护合同，明确管护期限，落实管护主体责任，管护经费纳入项目工程预算。原则上项目后期管护期限不得少于 3 年，其中垦造水田类项目后期管护不得少于 6 年。

2. 监督管理

全域土地综合整治的项目申报、规划选址、方案编制和具体实施过程中，所在地区人民政府应建立健全的公众参与和监督机制，接受社会监督，切实维护农民的合法权益。项目地区出现自然资源部明确的负面清单情形，情节严重并整改不力的，省自然资源厅将按程序动态调整出项目名单。镇级落实管护责任：单体工程完成验收后，落实管护工作，签订管护合同，明确管护资金来源和管护期限。县级做好信息汇报：项目所在县级自然资源主管部门应按照自然资源部和省自然资源厅要求及时汇总项目实施情况，做好全域土地综合整治信息系统填报工作。市级负责日常监督：地级以上市人民政府应按职责做好项目的日常监管工作，对项目实施进度、工程质量进行监督。省级实行动态监管：省自然资源厅建立全域土地综合整治项目信息系统，并结合遥感影像和年度变更调查成果等，对项目进行动态监管。

> **知识专栏 3-4**
>
> 监督管护与信息报备细则
>
> （1）监督管护要求。经备案的项目实施方案的图斑或地块，涉及非农建设的，需办理建设用地审批手续，未办理的，判定为新增非农建设违法用地；不涉及非农建设的，判定为实地未变化。不涉及非农建设的，须上传经批准的全域土地综合整治项目名单和省级或省级以上有关部门批准的实施方案等文件。监管发现实施过程中存在违规调整永久基本农田，违背农民意愿搞大拆大建，违规占用耕地挖湖造景，破坏生态环境、乡村风貌和历史文脉的，应责令整改并追究相关单位和人员责任。对存在弄虚作假、失职渎职等重大问题的，按照有关法律法规进行处罚。构成犯罪的，依法追究刑事责任。
>
> （2）信息报备。涉及权属调整的项目完成验收后，项目所在地区应及时组织相关权利人按照经批准的权属调整方案、权属调整协议以及有关用地批准文件等，依法申请办理不动产登记。项目建设单位应及时收集整理项目过程中形成的相关材料。档案材料管理应采取信息化手段，并做好备份。项目验收完成后，由项目所在县级自然资源主管部门负责按照自然资源部和省自然资源厅要求做好全域土地综合整治项目信息填报备案，并将项目材料移交至省自然资源厅。

3.6.3 绩效考评

> **知识专栏 3-5**
>
> 项目工作成效评估材料
>
> （1）项目工作成效评估申请。（2）项目初步验收意见和整体验收意见。（3）规划执行（全域土地综合整治部分）情况报告。（4）资金结算报告。（5）自评报告。（6）其他相关材料。

绩效考评由省自然资源厅会同省全域土地综合整治工作专班其他成员统一组织，具体按照县级自评—市级复核—省级确认的方式开展。由县级人民政府每年年末组织对本年度区域内土地综合整治工作推进情况进行绩效考评，总体评估项目整体投入、综合成效以及社会满意程度等。考评结果经市级整治专班审核后报省全域土地综合整治工作专班。

省自然资源厅会同省有关部门建立全域土地综合整治项目成效评价机制，对项目实施成效进行评估。项目完成整体验收后，按照乡镇自评、市级复核、省级评价相结合的方式进行项目成效评价工作。由地级以上市自然资源主管部门向省自然资源厅报备项目验收情况，并提交图 3-7 所示材料申请项目工作成效评估。

图 3-7　全域土地综合整治绩效评价

第四章　保障篇

　　组织保障和改革创新是国家治理体系和治理能力现代化的必由之路，中国式现代化稳步前进，"百县千镇万村高质量发展工程"深入实施，全域土地综合整治平台抓手责无旁贷。坚持向改革要活力、要动力，大胆探索，善于借鉴，打破惯性思维，以开放促改革、促创新。持续营造有利于创新的政策和制度环境，让每一个创新行为都得到社会尊重，让每一份创新成果都能够形成市场价值。高位推进，高效协同，推动建立组织、规划、政策、资金、运营等完善衔接的工作体系，为整治工作源源不断注入活力，构建全域土地综合整治保障长效机制。

4.1 建立纵向贯通、横向联动的组织领导体系

作为贯彻落实省"百千万工程"促进城乡区域协调发展的重要抓手，全域土地综合整治应推进构建"省级统筹、市负主责、县镇村抓落实"的工作机制，建立全域土地综合整治领导小组与工作专班推进工作。充分发挥各级党委、政府统筹兼顾、协调各方的作用。各地应按照省级负总责、市级监管、县乡实施的原则，建立政府主导、部门协同、上下联动、公众参与的工作机制。鼓励地方各级人民政府结合需要，明确技术和实施支撑机构。省级自然资源主管部门主要细化各项制度安排，建立全过程监管机制并明确各级监测监管责任，建立绩效评价管理和考核制度，完善相关技术规范，指导市、县依法依规实施。

4.1.1 健全工作推进机制，形成齐抓共管工作新格局

各级党委、政府应将全域土地综合整治纳入重要议事日程，统筹谋划，周密部署，建立高位推动工作机制与目标责任制。全域土地综合整治不仅是自然资源主管部门的事权任务，而且是市、县人民政府实施战略宏图的"牛鼻子"。实施过程中应成立由各级党委、政府主要负责同志挂帅的领导小组，每年召开一次由主要领导部署的推进会。全省上下形成党政"一把手"亲自抓、分管领导直接抓、一级抓一级、层层抓落实的高位推动机制。把全域土地综合整治纳入党政干部绩效考核和末位约谈制度，强化监督考核和奖惩激励。根据本行政区经济发展战略和国土空间规划，在全域土地综合整治工作中充分发挥政府高位统筹的作用，通过统筹规划传导实施机制、统筹产业资源、统筹整合资金、统筹建设运营、统筹政策创新等"五个统筹"措施优化空间布局、盘活要素资源，保护修复生态，提升综合效益。

全域土地整治工作应遵循"上下结合，以下为主"的原则，充分尊重基层和群众意见，不搞行政命令，不搞政绩工程，不提出超越发展阶段、不切实际的目标和任务，更不能强行推进。

第四章 保障篇

> **知识专栏**
>
> 习近平总书记在浙江工作期间，每年都出席浙江省"千万工程"工作现场会，明确要求凡是"千万工程"中的重大问题，地方党政"一把手"都要亲自过问。2018年开展全域土地综合整治以来，浙江省一直延续了高位推动的做法，每年由省长或副省长召开现场会议，到市、县、镇级，均成立了部门"一把手"任成员的工作领导小组。2023年2月，浙江省土地综合整治工作领导小组办公室印发了《关于成立浙江省土地综合整治工作专班的通知》，明确常务副省长作为总召集人。通过高位推动，保障全域土地综合整治实施成效。

广东省"百千万工程"指挥部成立了全域土地综合整治工作专班，强化工作协同和政策集成，加大规划用地、乡镇建设、农村管理、产业招商、财政奖补、金融服务等方面政策支持力度。各整治地区应切实把全域土地综合整治真正纳入"一把手"工程，参照省做法，组建由县（市、区）委书记或县（市、区）长任组长，分管副县（市、区）长任副组长、县（市、区）自然资源局等相关单位局长为成员的工作领导小组，研究解决全域土地综合整治推进过程中的重大问题和决策；领导小组可设工作专班，由县（市、区）自然资源局局长任工作专班组长，县（市、区）财政、发展改革、生态环境、农业农村、住房和城乡建设、林业、水利、交通等局局长及相关乡镇镇长为成员；工作专班负责建立健全"政府主导、县（市、区）自然资源局牵头、乡镇人民政府和县（市、区）属各部门协作"的工作机制，统筹推进全域土地综合整治项目建设，研究审议相关拟出台的重要政策、管理文件，指导并督促有关政策、工作任务落实。工作专班在县（市、区）自然资源主管部门设办公室，由县（市、区）自然资源局局长兼任办公室主任，各有关单位部门派员参与工作；工作专班办公室负责项目实施工作的组织协调、进度监督和贯彻落实工作专班有关决议、督办工作专班决定事项、做好与上下级的沟通对接并传达有关指示要求、及时通报工程建设进度与计划。各成员单位根据自身职能协调解决项目实施过程中遇到的问题。

> **案例专栏 4-1** ▶
>
> **广东省佛山市南海区"2168"工作组织架构**
>
> 区委书记和区长2位党政主要领导担任总指挥,设立1支联合执法总队,在6个办公室内设工作组,成立8个主要由区人大、政协分管领导任组长的挂钩工作组,实体化运作专班高位高效推动项目开展(图4-1)。
>
> 佛山市南海区全域土地综合整治指挥部
> ├─ 联合执法总队
> └─ 办公室
>   ├─ 政策审改组
>   ├─ 整备实施组 — 桂城工作组 — 狮山工作组
>   ├─ 招商引资组 — 九江工作组 — 大沥工作组
>   ├─ 安全保障组 — 西樵工作组 — 里水工作组
>   ├─ 综合协调组 — 丹灶工作组 — 第八工作组
>   └─ 宣传发动组

图 4-1　广东省佛山市南海区全域土地综合整治"2168"工作组织架构

> **案例专栏 4-2** ▶
>
> **浙江省杭州市"2+14+N"工作组织架构**
>
> 由市长和副市长2位领导分别担任组长和副组长,成立以14个市级相关单位和13个区人民政府"一把手"为成员的工作推进小组(图4-2)。
>
> 组长/副组长 → 市长/副市长
>
> 成员:市委办公室、市委宣传部、市信访局、市发改委、市经信局、市规自局、市生态局、市建委、市交通局、市林水局、市农业局、市文广局、市国资委、市金融局
>
> 上城区人民政府、西湖区人民政府、拱墅区人民政府、滨江区人民政府、萧山区人民政府、临平区人民政府、余杭区人民政府、钱塘区人民政府、富阳区人民政府、临安区人民政府、桐庐县人民政府、淳安县人民政府、建德市人民政府

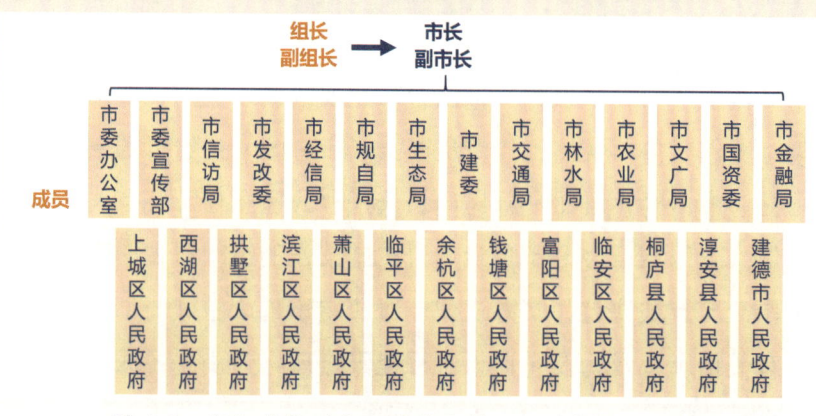

图 4-2　浙江省杭州市土地综合整治工作推进小组组织架构

第四章 保障篇

案例专栏 4-3 ▶

浙江省杭州市临安区"2+12+N"工作组织架构

由区长和常务副区长 2 位领导分别担任组长和副组长，成立以 12 个区直相关单位和 20 个镇（街道）人民政府"一把手"为成员的工作领导小组（图 4-3）。

组长／副组长 → 区长／常务副区长

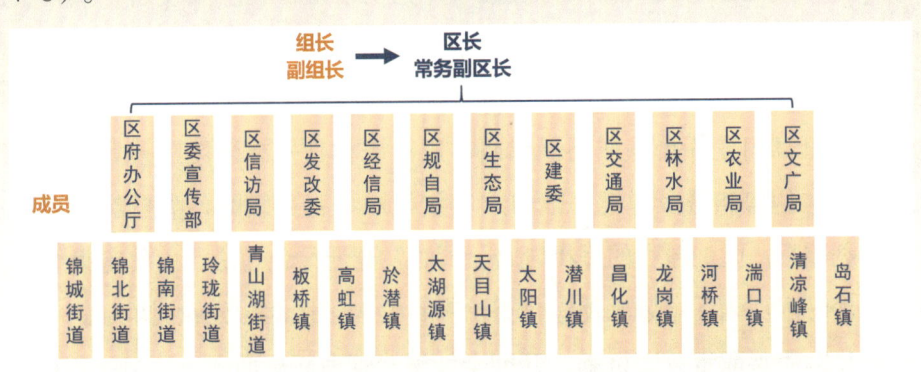

成员：区府办公厅、区委宣传部、区信访局、区发改委、区经信局、区规自局、区生态局、区建委、区交通局、区林水局、区农业局、区文广局

锦城街道、锦北街道、锦南街道、玲珑街道、青山湖街道、板桥镇、高虹镇、於潜镇、太湖源镇、天目山镇、太阳镇、潜川镇、昌化镇、龙岗镇、河桥镇、湍口镇、清凉峰镇、岛石镇

图 4-3　浙江省杭州市临安区土地综合整治工作领导小组组织架构

案例专栏 4-4 ▶

浙江省湖州市报福镇"2+6"工作组织架构

成立由镇长和副镇长 2 位领导分别担任组长、副组长的工作领导小组，工作领导小组下设办公室并成立 6 个工作专班（图 4-4）。

组长／副组长 → 镇长／副镇长

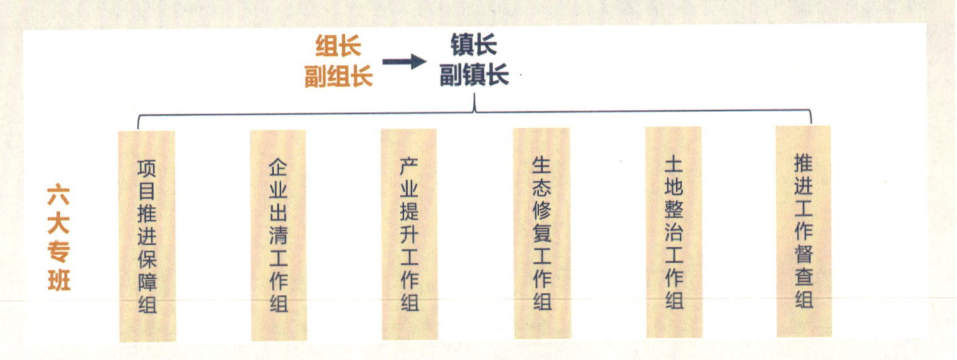

六大专班：项目推进保障组、企业出清工作组、产业提升工作组、生态修复工作组、土地整治工作组、推进工作督查组

图 4-4　浙江省湖州市报福镇全域土地综合整治与生态修复工程工作领导小组组织架构

4.1.2 健全部门协调机制，探索市、县纵横联动新模式

创新市、县两级联动协同工作的体制机制，推动市、县级部门纵向联动紧密，横向协作务实，集中力量办大事。市、县级部门加强技术和工具应用沟通，建立信息化监管平台，对全域土地综合整治项目实施全程动态监管，促进信息共享和数据连接，提高部门协同效率；共同统筹协调资金使用、项目实施和项目管理等事项，保障全域土地综合整治项目稳慎有序实施；打破行政区划和部门职能界限，依托市、县全域土地综合整治工作专班，由市、县级自然资源主管部门发挥牵头作用，财政、农业农村、生态环境、林业、水利、发展改革、住房和城乡建设等部门共同积极对相互关联的各类自然资源要素综合谋划项目，促进项目的有机融合。同时，开通绿色通道，简化审批手续，缩短办理时限，确保全域土地综合整治项目最大限度缩短建设时间。

4.1.3 完善职责分工机制，开创全域整治管理新局面

依托全域土地综合整治工作推进机制和协同实施机制，完善职责管理机制，细化分工，压实责任。由全域土地综合整治工作专班根据发展战略统一统筹谋划项目，明确统一目标。各县（市、区）可采取不同实施模式开展子项目实施，包括统一立项、分项实施，或分项立项、分项实施等不同的模式组合。

为确保各项任务细化落实，压实各行政主管部门及相关参建单位责任，开创全域土地综合整治管理新局面，建议明确各部门职责分工：

省委金融办指导社会资本参与，促进银行信贷市场、多层次资本市场发展。

省发展改革委负责省级政府投资项目立项审核等工作。

省财政厅负责指导市县镇各级财政统筹资金，加大对全域土地综合整治工作支持力度，落实全域土地综合整治奖补资金，加强对项目财政资金的监督、指导。

省自然资源厅负责省"百千万工程"指挥部全域土地综合整治工作专班办公室日常工作，全域土地综合整治统筹协调；负责全域土地综合整治项目审核、实施指导，组织全域土地综合整治工程实施方案联合审查和项目联合验收等工作。

省生态环境厅负责指导做好建设项目环境影响评价文件的审批；配合做

好受污染耕地安全利用和严格管控、配合推进农村人居环境整治提升工作。

省住房城乡建设厅负责城市有机更新、美丽圩镇建设等工作，配合做好全域土地综合整治中涉及历史文化名城名镇名村、传统村落及历史建筑保护工作。

省交通运输厅负责高速公路、普通国省道和农村公路规划建设，统筹推进城乡区域交通运输协调发展。

省水利厅负责水土保持、水系整治、大中型灌区建设的实施指导、监督等工作。

省农业农村厅负责统筹协调推进乡村建设行动，负责高标准农田建设。

省文化和旅游厅负责统筹指导实施乡村旅游发展工作。

省林业局负责指导全域土地综合整治涉及林地保护管理工作，规范用林审批，推进绿美广东生态建设、生物多样性保护等工作。

乡镇人民政府负责做好项目区内的群众思想工作，通过各种渠道和形式做好宣传工作，争取群众的理解和支持；发动群众积极参与项目建设，协调解决项目实施过程中的群众纠纷等问题；协助开展基础调查、群众意愿征求、土地集中流转、权属调整等工作；负责项目后期管护等工作，引导农户或种植大户种植符合要求的农作物并按规定做好管护工作。

项目运营主体负责项目顶层策划、可研立项、规划设计、预算编制、组织实施、项目验收和相关产业的运营等系列工作；负责项目资金的筹集落实、支配和管理；负责对项目范围内统一流转的土地进行统筹使用，并负责支付土地租金、补偿金和相关工作经费。

4.2 建立全域统筹、全面支撑的规划引领体系

全域土地综合整治实施方案等同于"国家—省—市—县—乡"和"总—专—详"构成的"五级三类"国土空间规划体系中的专项规划，是衔接落实市（县）国土空间规划的实施性规划，是开展国土空间综合整治的依据，是国土空间规划中全域土地综合整治内容的细化与实施载体。作为落实省级全域土地综合整治工作要求和指导乡（镇）全域土地综合整治实施方案编制的

衔接性规划，是统筹市（县）域全域土地综合整治的纲领性文件及行动计划，是全域土地综合整治项目立项及审批的基本依据。

应强化县级规划要素配置统筹，支持编制镇村并举、镇域统筹的镇级国土空间总体规划，探索县镇村空间资源按需腾挪、有序流动的规划编制方法，提升村庄规划的实用性（图4-5）。

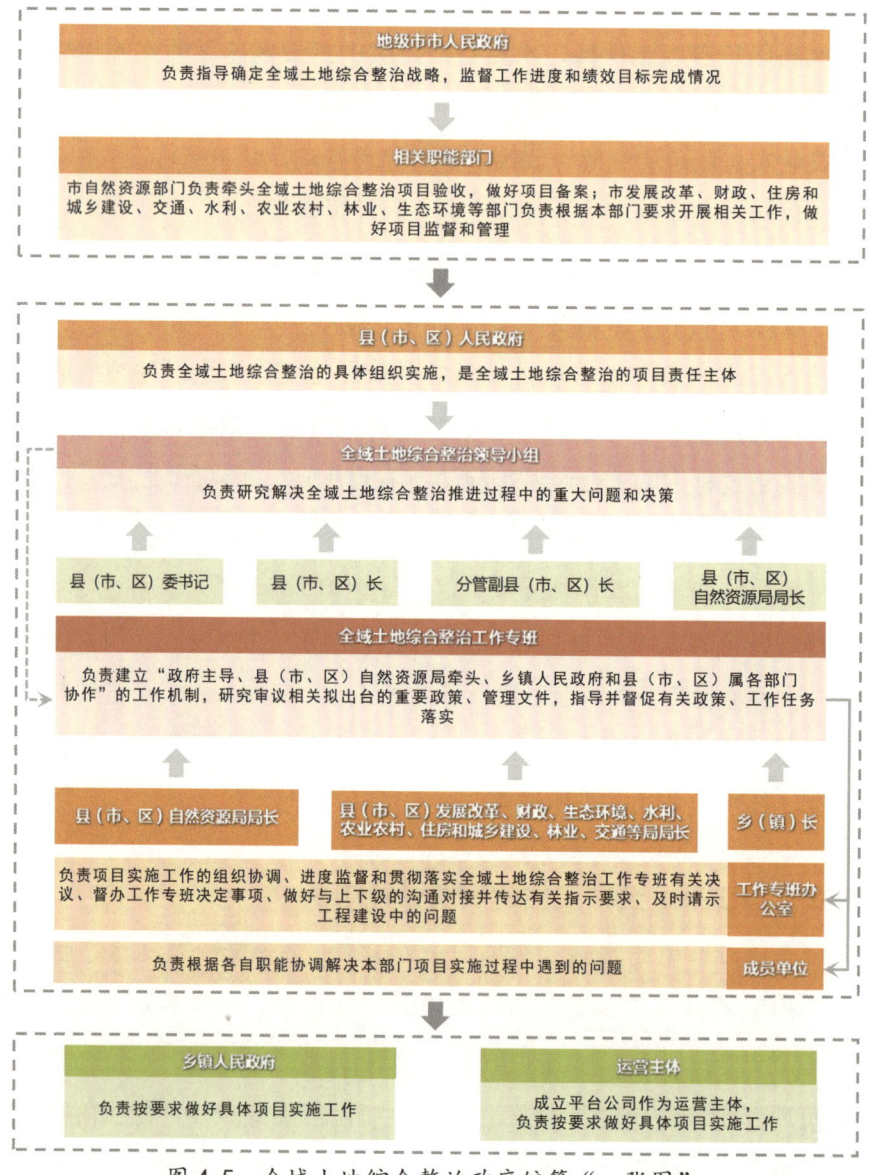

地级市市人民政府
负责指导确定全域土地综合整治战略，监督工作进度和绩效目标完成情况

相关职能部门
市自然资源部门负责牵头全域土地综合整治项目验收，做好项目备案；市发展改革、财政、住房和城乡建设、交通、水利、农业农村、林业、生态环境等部门负责根据本部门要求开展相关工作，做好项目监督和管理

县（市、区）人民政府
负责全域土地综合整治的具体组织实施，是全域土地综合整治的项目责任主体

全域土地综合整治领导小组
负责研究解决全域土地综合整治推进过程中的重大问题和决策

县（市、区）委书记　县（市、区）长　分管副县（市、区）长　县（市、区）自然资源局局长

全域土地综合整治工作专班
负责建立"政府主导、县（市、区）自然资源局牵头、乡镇人民政府和县（市、区）属各部门协作"的工作机制，研究审议相关拟出台的重要政策、管理文件，指导并督促有关政策、工作任务落实

县（市、区）自然资源局局长　　县（市、区）发展改革、财政、生态环境、水利、农业农村、住房和城乡建设、林业、交通等局长　　乡（镇）长

负责项目实施工作的组织协调、进度监督和贯彻落实全域土地综合整治工作专班有关决议、督办工作专班决定事项、做好与上下级的沟通对接并传达有关指示要求、及时请示工程建设中的问题　　**工作专班办公室**

负责根据各自职能协调解决本部门项目实施过程中遇到的问题　　**成员单位**

乡镇人民政府
负责按要求做好具体项目实施工作

运营主体
成立平台公司作为运营主体，负责按要求做好具体项目实施工作

图4-5　全域土地综合整治政府统筹"一张图"

4.2.1 发挥规划引领作用，推动刚弹结合科学整治

坚持规划建设一体化编制实施。科学把握县、镇、村各自的功能定位，把县的优势、镇的特点、村的资源更好地统筹起来，推进规划建设一体化。有条件的县（市、区）可开展镇村集成规划编制，重点结合耕地和永久基本农田保护、产业发展和土地利用、人居环境整治、生态保护等规划需求，在现状用地梳理、乡村振兴项目库构建等编制工作中充分利用全域土地综合整治技术手段，形成融合全域土地综合整治视角下的镇村集成规划重点和路径。

坚持规划先行、兼顾刚性约束和弹性留白。《自然资源部办公厅关于严守底线规范开展全域土地综合整治试点工作有关要求的通知》（自然资办发〔2023〕15号）明确要求，国土空间规划是土地综合整治的基本依据，土地综合整治活动原则上应分别在国土空间规划确定的农业空间、生态空间、城镇空间内相对独立开展，稳定空间格局，维护"三区三线"划定成果的严肃性。

坚持规划充分衔接。全域土地综合整治试点镇以及拟开展全域土地综合整治的乡镇，镇村国土空间规划应充分衔接整治实施方案，明确空间引导，提出整治的规模、布局、时序等规划指引，将整治项目库的项目纳入国土空间规划"一张图"。符合不需编制村庄规划或无条件、暂不编制村庄规划的村庄，可根据市、县级或乡镇级国土空间总体规划明确村庄规划通则管控要求，实现规划管理全覆盖。在规划编制、审批、调整等方面明确有关规则。

1. 规划协同编制方面

镇级规划可与上级规划同步编制实施。符合镇级国土空间总体规划与市、县级国土空间总体规划合并编制要求的，镇级国土空间规划在市、县级国土空间总体规划批准后二十个工作日内公布实施。具体实施办法由县级自然资源主管部门制定公布。

镇村规划可预留规划机动指标。在编制镇村国土空间规划中，可预留增减挂钩腾退规划建设用地指标的10%作为机动指标，保障村民居住、农村公共公益设施以及农村新产业新业态建设需求。

2. 规划调整审批方面

编制镇村国土空间集成规划。根据《广东省自然资源厅关于推进镇村国

土空间规划编制实施，助力"百县千镇万村高质量发展工程"的通知》（粤自然资规划〔2023〕2202号），全省共有25个全域土地综合整治试点形成规划试点实施方案，已全部列入镇村集成规划试点，试点可先编先批先用。试点以镇村联动、详细规划深度编制镇村国土空间集成规划，探索乡村地区存量建设规模按需腾挪、有序流动的规划编制实施机制。

新建村民住宅选址有新规定。应优先利用存量建设用地，确需使用新增建设用地且同时满足以下情形，允许按符合规划办理用地审批手续：①符合"一户一宅"要求。②不涉及永久基本农田和生态保护红线。③与现状农村居民点相邻成片。④避开地质灾害隐患点、河湖管理范围和洪涝灾害风险控制线。

3. 城镇开发边界优化方面

全域土地综合整治可调整城镇开发边界。根据《自然资源部关于做好城镇开发边界管理的通知（试行）》（自然资发〔2023〕193号），已批准实施全域土地综合整治确需优化调整城镇开发边界的，在严格落实耕地保护优先序，确保城镇建设用地规模和城镇开发边界扩展倍数不突破的前提下，可对城镇开发边界进行局部优化。

特定选址要求的零星城镇建设用地可"圈外"安排。结合城乡融合、区域一体化发展和旅游开发、边境地区建设等合理需要，将在城镇开发边界外可规划布局有特定选址要求的零星城镇建设用地，纳入国土空间规划"一张图"严格实施监督。将涉及的新增城镇建设用地纳入城镇开发边界扩展倍数统筹核算，等量缩减城镇开发边界内的新增城镇建设用地，确保城镇建设用地总规模和城镇开发边界扩展倍数不突破。

4.2.2 强化要素配置统筹，助力实施成效再迈台阶

以指标交易为抓手强化全域土地综合整治要素支撑。充分考虑全域土地综合整治中农业生产、村庄建设、产业发展、生态保护等功能分区与各级各类规划管控要素进行有效衔接，划定功能分区，落实工程实施范围，以保障各级规划任务有效分解以及各类要素传导衔接。在资源紧约束的背景下，适当允许各市探索在全域"找地"、全面"整地"后，树立全市"一盘棋"理念，

健全土地指标统筹机制，进行全市"调地"，对本行政区内急需用地的重大建设项目，暂时难以落实耕地占补平衡的，可允许借支耕地指标或纳入市级统筹。打通市县两级指标库，本着"缺什么、调什么"的原则，分门别类解决项目报批所需耕地数量、水田规模、粮食产能问题，补齐耕地占补指标结构性短板，保障全域土地整治区产业项目落地。

在全市"调地"工作中，加强对耕地占补平衡和建设用地指标的管控，避免出现利益驱动下的指标囤积，确保全域土地综合整治助力省"百千万工程"效益的综合性和持久性。具体工作原则为：一要坚持规划引领，应该明确指标的购买和使用必须符合国土空间总体规划和镇村规划，不得进行指标转售。同时明确指标的使用有效期，对于过期未使用的指标将由相应机构按照基准价格回购。各地方自然资源主管部门应根据年度耕地"双平衡"和建设用地需求等情况，对指标交易总量进行年度调控。二要加强规范使用，进一步加强对交易后耕地的使用和维护管理，落实管护主体和后期管护措施。自然资源主管部门要重点对耕地的使用和维护情况实行定期检查，防止出现"非农化"和"非粮化"的现象。

4.2.3 规范土地流转管理，促进乡村振兴增添活力

以土地集中流转为突破口持续激发农业农村发展活力。全域土地综合整治是规划实施落地的重要抓手，更是为地方经济发展提供要素保障的重要基础。因此，全域土地综合整治项目所在地应将土地流转促进规模经营作为一项重点工作来抓，有条件的地方可探索结合全域土地综合整治领导小组构架，进一步建立镇村两级土地流转工作领导小组，实行土地集中流转，为产业发展奠定要素保障基础，持续激发农业农村发展活力，助力实施成效再迈新台阶。

完善县、镇、村三级土地流转信息网络。县、镇级人民政府可通过建立土地信息流转网站、信息发布平台、宣传窗口等，定期发布土地信息。有条件的地方，由政府出资，成立土地流转公司（即强村公司），主要负责土地集中流转前、流转中、流转后的服务，按照相关文件要求规范土地流转流程。积极整合或寻求各类涉农项目、资金支持，并通过对土地集中流转范围的基

础设施建设项目进行政策倾斜等，解决流转后耕作不便的后顾之忧。

鼓励因地制宜探索土地流转形式，为村集体和农民增收探索可持续路径。学习借鉴浙江"千万工程"经验和"强村公司"模式，探索建立"国企＋村公司＋合作社＋农户＋手艺人＋社会投资者"等组合模式，实现联农带农，促进共同富裕。建立保底分红、股份合作、土地流转、三产互促等多种方式完善利益链，积极引导并鼓励土地经营权向种植能手和种植养殖大户、农业种植公司流转，形成规模经营优势。多途径保障农民利益，促进土地流转工作有效开展。

案例专栏 4-5 ▶

浙江"强村公司"发展模式

资产经营型：主要是由强村公司建设或购置标准厂房、商铺店面等物业，统一发包出租发展物业经济；或通过流转承包地、闲置宅基地和闲置农房、村集体经营性资产，开发集体资源，招商发展休闲观光、民宿、农家乐等乡村产业。

社会服务型：主要是由强村公司为本区域农业生产经营主体提供多元化综合性社会化服务，为民宿、农家乐等各类乡村新兴业态提供管理服务，承接河道保洁、绿化养护、物业管理等各类服务。

订单生产型：主要是由强村公司结合当地农业产业发展需要，组织开展订单式农业生产；或结合"共富工坊"组织开展农产品加工、来料加工等劳动密集型生产。

工程承揽型：主要是由强村公司依法承接小规模的基础设施、农田水利设施建设，以及土地整治、农村公路建设、河道整治、美丽乡村景观建设等工程。

4.3 建立问题导向、系统集成的政策支撑体系

结合规划修编、全域土地综合整治助力省"百千万工程"系列政策文件出台等工作，灵活用好点状供地、留用地开发利用等政策，着力破解"有好项目的没地、有地的没好项目"突出问题。在空间规划、土地管理、村镇建设、产业引导、财政支持等方面制订多项细化政策措施，形成政策工具箱，通过各部门协同发力，促进区域协调高质量发展。

4.3.1 强化农用地整理优化布局，实现农田连片集中整治

1. 拓展补充耕地来源方面

可引导林果上山林耕置换。各地要积极引导在荒山荒坡上发展林果业，并鼓励将平原地区种植果树、林木的地块，逐步退出整治为耕地；涉及将林地、草地整治为耕地的，应当符合林草管理相关规定。

用于占补平衡的新增耕地应符合要求。①第二次全国土地调查（以下简称"二调"）、第三次全国国土调查（以下简称"三调"）及最新年度国土变更调查均为非水田的地块按规定垦造为水田的，可用于占补平衡。②"二调""三调"及最新年度国土变更调查均为非耕地的地块，经验收形成能长期稳定利用的新增耕地可用于占补平衡。③"二调"为耕地、"三调"为非耕地，整治恢复为国土变更调查认定的耕地，不能用于占补平衡，但可用于"进出平衡"。

高标准农田建设可产生耕地占补平衡指标。在已建成高标准农田项目区范围内，选择符合要求的现状非耕地地块，组织实施补充耕地和垦造水田项目，按规定核定新增耕地后，可用于耕地占补平衡。

2. 耕地和永久基本农田集中连片整治方面

划定耕地集中整治区。根据《广东省自然资源厅 广东省农业农村厅 广东省林业局关于严格耕地用途管制有关问题的通知》（粤自然资函〔2022〕434号）规定，鼓励有条件的地区结合耕地后备资源潜力和耕地恢复潜力调查评价成果，编制耕地和永久基本农田保护利用规划，划定耕地集中整治区，引导耕地治理，优化耕地和永久基本农田布局，推动耕地集中连片保护和耕地质量提升。

划入永久基本农田储备区。通过土地整理复垦开发、高标准农田以及整治恢复增加的优质耕地，应当优先划入永久基本农田储备区。储备区范围内的地块按一般耕地管理。与永久基本农田集中连片或独立规模在3亩以上可长期稳定利用的现状优质耕地可按国家规定划入永久基本农田储备区，并上图入库管理。

奖励用地计划指标和资金支持。允许在集中连片耕地周边按照一定比例

规划设施农业用地和点状用地。对于建设完成的耕地集中整治示范区，省级对所在县（市、区）予以新增建设用地计划指标奖励和资金支持。《广东省自然资源厅关于加强自然资源要素保障助力实施"百县千镇万村高质量发展工程"的通知》（粤自然资规字〔2023〕4号）规定，鼓励以乡镇为单元实施全域土地综合整治项目，项目整体通过验收后，省级按照新增耕地面积5∶1奖励该县（市）新增建设用地计划指标，单个项目奖励指标不超过1000亩，所获奖励指标专项用于农村一二三产业融合发展项目、基础设施和公共服务设施建设。

3. 耕地占补平衡（指标交易）方面

补充耕地指标所有权属于人民政府。《广东省补充耕地指标交易管理办法》明确，补充耕地指标应当真实、有效、合法，且指标所有权属于人民政府。任何金融机构或企业不能变相拥有补充耕地指标的所有权。

补充耕地指标可采用公开交易或协议转让取得。补充耕地指标的交易，应当统一在广东省补充耕地指标网上交易平台进行，以公开交易为原则，以协议转让为例外。对于省级和市域内供应给单独选址建设项目的情形，可过协议转让方式交易补充耕地指标。协议转让价格参考公开交易价格确定，不得低于全省耕地开垦费最低缴纳标准，不得高于转让前一年内全省补充耕地指标公开交易最高成交价。

严格耕地占补平衡，严格监督管理。根据《广东省补充耕地指标交易管理办法》规定，新增耕地、水田指标经国土变更调查认定已转为非耕地、非水田的，不得用于占补平衡；已报备入库的，核减相应指标。

确保年度耕地总量动态平衡。编制实施耕地保护专项规划，划定耕地集中整治区，推进现状耕地和永久基本农田周边及山尾、田头土地复垦或提质改造，实行田、土、水、路、林、电、技、管综合配套，建成一批"百亩方、千亩方、万亩方"集中连片耕地。到2025年，实施农用地整理面积35万亩，整治区内耕地连片度提升10%；到2027年，实施农用地整理面积80万亩，整治区内耕地连片度提升20%。

整治区域内新产生的补充耕地指标在优先满足县域自行平衡需要后确有

剩余的，减少的建设用地指标在优先满足整治单元内农村发展用地需求后确有节余的，可统一纳入省级管理平台在省域范围内调剂。

4. 永久基本农田布局优化方面

可按程序优化耕地和永久基本农田布局。《自然资源部办公厅关于严守底线规范开展全域土地综合整治试点工作有关要求的通知》（自然资办发〔2023〕15号）明确要求，土地综合整治中确需对少量破碎的耕地和永久基本农田进行布局调整的，按照"总体稳定、优化微调"的原则，在数量有增加、质量有提升、生态有改善、布局更优化的前提下，稳妥有序实施。生态保护红线内零星破碎、不便耕种、以"开天窗"形式保留的永久基本农田，在保持生态保护红线外围边界不变、不破坏生态环境的前提下，可以适度予以整治、集中。

可整治优化城镇开发边界内的耕地和永久基本农田。根据《自然资源部关于做好城镇开发边界管理的通知（试行）》（自然资发〔2023〕193号）要求，严格城镇开发边界范围内耕地和永久基本农田保护，确需对永久基本农田进行集中连片整治的，原则上仍应以"开天窗"方式保留在城镇开发边界范围内，且总面积不减小；确需调出城镇开发边界范围的，应确保城镇建设用地规模和城镇开发边界扩展倍数不扩大。

涉及耕地和永久基本农田调整的，应坚持"总体稳定、优化微调"的原则，重点对布局零星、破碎、散乱和配套设施不完善、不便耕种的地块进行调整，调整规模原则上不得超过所涉乡镇耕地、永久基本农田划定面积的3%。坚持"先补后调""可实测、可追溯"原则，做好新增耕地和补划永久基本农田分年度核算，守住耕地和永久基本农田保护目标任务及质量要求；新增耕地项目实施完成后，及时通过年度国土变更调查（含日常变更机制）确认地类；分年度核算、子项目验收和整体验收时，新增耕地和永久基本农田面积均应实测，不得仅靠"图上作业"或以系数测算。永久基本农田调整后，要及时向社会公告。

4.3.2 强化建设用地整理空间腾挪，实现村庄集中产业集聚

支持整治形成的各类指标省域内流转。通过全域土地综合整治形成的新

增耕地指标（含水田指标）、增减挂钩（拆旧复垦）、历史遗留废弃采矿用地复垦修复腾退的建设用地指标等，全部归所在县（市、区）政府所有，优先备案入库并保障本地需求，节余部分可在省域内流转交易。支持实施全域土地综合整治腾退的建设用地规模在满足乡村发展需求后，节余部分符合国土空间规划的可用于城镇建设。探索珠三角地区新增经营性用地出让、历史违法用地补办手续等与粤东、粤西、粤北地区整治形成指标相挂钩，采矿项目新增用地与复垦修复存量采矿用地相挂钩，合理制定交易保护价。珠三角地区和粤东、粤西、粤北地区对口帮扶地区可协商调剂各类指标。

有序盘活闲置低效建设用地。在确保实施范围内建设用地总规模不增加、城镇开发边界扩展倍数不突破的前提下，可结合实际将实施范围内的拆旧地块作为一个整体，按照增减挂钩项目管理相关规定打包审批，统筹实施，所产生的增减挂钩指标统筹使用。按照国家统一部署开展农村集体经营性建设用地入市工作的地区，可研究结合整治工作将零星、插花的小块存量集体建设用地整治归并为大块宗地，依据国土空间规划的经营性用途入市。

1. 增减挂钩（拆旧复垦）方面

支持指标可分级立项、省域内流转。探索跨县流转复垦指标项目立项程序：①立项申请。②县级初审。经县级人民政府同意后，报送地级以上市自然资源主管部门复核。③市级复核。经地级以上市人民政府同意后，提交省自然资源厅审查。④省级审查。经省政府同意，省自然资源厅印发立项批复文件。不跨县流转复垦指标的项目，在完成上述立项申请、县级初审、市级复核程序后，由地级以上市自然资源主管部门印发立项批复文件。

拆旧复垦区选址应符合国土空间规划和相关专项规划。项目立项范围确定要以"三调"成果为工作底图。国土变更调查地类为农村居民点的，细化调查认定的建设用地占拆旧复垦区的比例不应低于40%。拆旧复垦区原则上要与周边农用地相连，复垦形成的连片农用地图斑应形态规则且面积不应小于400平方米，复垦形成的独立耕地地块图斑面积不应小于2000平方米。探索以县域为单元，按照不突破2020年度国土变更调查现状村庄用地规模的原则，通过实施村庄内尚未建设土地就地利用、异地腾挪等方式，促进村庄用地紧凑布局和节约集约利用。

探索经营性用地出让和违法用地消除需购买指标。珠三角地区9个地级以上市（不含惠东县、龙门县、台山市、开平市、恩平市、广宁县、德庆县、封开县、怀集县）出让商业、娱乐和商品住宅等经营性用地（不含"三旧"改造用地），应当与全省建设用地拆旧复垦形成的复垦指标挂钩，没有指标或指标不足，不得出让商业、娱乐和商品住宅等经营性用地使用权。未按计划时限消除违法状态的历史违法用地，确需通过办理用地手续消除违法状态的，处置违法行为后，应购买拆旧复垦指标办理用地手续。

指标交易收益属于人民政府。市、县（市、区）人民政府是复垦指标和城乡建设用地规模的购买和出售主体，具体工作由同级自然资源主管部门实施。省自然资源厅会同省财政厅拟订复垦指标和城乡建设用地规模交易最低保护价，报省政府批准设立。

2. 采矿用地复垦方面

采矿项目实行采矿用地增减挂钩。推动参照原有拆旧复垦政策，按程序实行采矿项目新增用地与复垦修复存量采矿用地相挂钩，根据形成指标所需成本、市场供需情况合理制定交易保护价。珠三角地区和粤东、粤西、粤北地区对口帮扶地区可协商调剂各类指标。

历史遗留废弃采矿用地以项目方式按照"先拆后建"模式实施复垦修复。指标产生及流转依据城乡建设用地增减挂钩以及城乡建设用地增减挂钩节余指标省域内调剂政策规定执行。由市、县级自然资源主管部门做好复垦修复项目合法合规性审查，规范项目实施。县级自然资源主管部门编制项目区拆旧区复垦方案等资料，报地级以上市自然资源主管部门批准同意后组织实施；涉及跨县域流转节余指标的项目，报省政府批准后组织实施。同时，坚持增减挂钩项目区拆旧复垦方案是实施拆旧复垦的主要依据，须按规定在自然资源部增减挂钩在线监管系统备案。未按上述要求办理的，将不予核定腾退指标。

采矿用地复垦修复项目验收流程，由所在地自然资源主管部门依据相关法律法规、技术标准、合同约定等，按照承担单位申请、县级初验、市级终验的程序开展。涉及新增耕地拟用于占补平衡的，按照补充耕地验收有关要求同步开展补充耕地验收。具体工作程序为：①验收申请。项目承担单位根据验收资料要求填报验收申请表，向所在县级自然资源主管部门提出验收申请。②县级初验。县级自然资源主管部门会同有关部门对项目工程进行验收。通过内外业逐地块核实认定修复后的地类、面积、质量和位置等，纳入年度国土变更调查结果或经日常变更机制完成举证并通过国家核查后，形成验收报告。③市级终验。地级以上市自然资源主管部门根据县级提交的验收材料开展终验，视情况开展实地检查，形成终验意见。

3. 用地计划指标奖励方面

奖励用地计划指标。争取对工作开展较好的整治地区给予新增建设用地计划指标奖励，设立用地计划指标池，建立省、市联动"百千万工程"新增建设用地计划指标池，对符合条件的基础设施、民生设施和产业项目应保尽保。

4. 点状供地方面

城镇开发边界外零星、分散建设用地适用点状供地政策。根据《广东省自然资源厅关于实施点状供地助力乡村产业振兴的通知》（粤自然资规字〔2023〕2号）规定，实施现代种养业、农产品加工流通业、乡村休闲旅游业、乡土特色产业、乡村信息产业及乡村新型服务业等乡村产业项目及其配套的基础设施和公共服务设施建设，确需在城镇开发边界外使用零星、分散建设用地，且单个项目建设用地总面积不超过30亩的，可实施点状供地。选址位于相关规划确定的禁止建设区、建设用地涉及占用永久基本农田或突破生态保护红线的项目，不符合国家和省的法律法规以及相关产业政策规定的项目，商品住宅和别墅类房地产开发项目，均不适用点状供地。

点状供地政策用地规模指标有专门渠道保障。①可在乡镇国土空间规划和村庄规划中预留不超过5%的城乡建设用地规模，优先用于保障点状供地项目建设；一时难以明确具体用途的建设用地，可暂不明确规划用地性质，待建设项目规划审批时再落实建设用地规模、明确规划用地性质，并于项目批准后更新国土空间规划、村庄规划数据库。②省每年安排一定比例的新增建设用地计划指标，专项用于保障乡村产业用地需求。涉农市县将乡村产业用地纳入年度用地计划，每年安排不少于10%的新增建设用地计划指标专项保障，并优先保障点状供地项目建设用地需求，专项指标安排情况纳入推进乡村振兴战略实绩考核体系。点状供地项目涉及占用林地的，按《广东省占用征收林地定额管理办法》相关规定，优先安排占用林地定额。

点状供地可差别化供地。点状供地项目以项目区为单位供地，项目区为单个地块的，按建设地块单个供地；项目区为多个地块的，应结合实际需要整体规划建设，合理确定不同地块的面积、用途，按建设地块搭配或组合为一宗地整体供应。项目区内建设用地符合《划拨用地目录》的，可按划拨方式供地；经营性用地须以招标、拍卖、挂牌方式公开出让（按"三旧"改造政策可协议出让的除外）；鼓励采取弹性年期、长期租赁、先租后让、租让结合等方式供地。

4.3.3 强化生态保护修复保护环境，实现生态优美功能提升

绿化美化城乡生态空间。扎实推进绿美广东生态建设"六大行动"，实施林分优化、林相改善，"点线面"结合立体式推进城乡绿化美化，建成一批森林城市、森林乡村和绿美古树乡村，高质量建设万里碧道、绿美碧带，形成互联互通的绿美生态网络。

加强重要生态空间综合治理。坚持山水林田湖草沙一体化保护和系统治理，筑牢"三屏五江多廊道"生态安全格局。重点推进蓝色海岸带和重点流域生态保护和修复国家级和省级"山水工程"、红树林营造修复、历史遗留矿山生态修复、地质灾害隐患点综合治理，构建从山顶到海洋的保护治理大格局。完善生态产品价值实现机制，探索实施"生态修复+资源利用+产业融合"模式，打造更多高品质生态产业项目。

保护修复自然生态本底，严守生态保护红线。在确保生态保护红线面积不减小、生态系统功能不降低、完整性连通性有提升的前提下，可以对全域土地综合整治涉及生态保护红线内零星破碎、不便耕种、以"开天窗"形式保留的永久基本农田进行适度整治、集中。除集中连片的梯田、与保护对象共生的集中连片的稳定耕地外，可以通过异地置换方式，引导将生态保护红线内或山上的耕地逐步调整到生态保护红线外或山下，推动果树苗木上山上坡。严禁以土地综合整治名义随意调整生态保护红线。严禁破坏生态环境挖

山填湖，严禁违法占用林地、湿地草地，不得采伐古树名木，不得以整治名义擅自毁林开垦。

1. 山水林田湖草沙一体化保护修复方面

山水工程项目资金可统筹用于全域土地综合整治。成功获得国家批准的山水工程项目，中央划拨财政资金20亿元支持项目，剩下资金由地方统筹。省财政通过统筹涉农资金、生态保护修复等资金加大对项目的支持，原则上不专门支持项目资金。项目所涉市县，可用中央支持资金和省、市统筹配套资金，以支持全域土地综合整治项目建设，整体推进农用地整理、建设用地整理、生态保护修复和历史文化保护等。

山水工程项目申报流程。一般以地级以上市为单元申报，编制实施方案并经市政府同意后，逐级报省自然资源厅、财政厅、生态环境厅。经择优遴选后，经省政府同意，报自然资源部、财政部、生态环境部批准。

2. 海洋（红树林）保护修复方面

营造修复红树林将获得计划指标奖励。省自然资源厅支持红树林营造修复工作，按经认定的红树林造林合格面积的50%，给予新增建设用地计划指标奖励。

红树林造林合格面积认定流程。根据《自然资源部办公厅 国家林业和草原局办公室关于印发〈红树林造林合格面积认定及成果应用规则（试行）〉的通知》（自然资办发〔2022〕27号）规定，红树林造林项目验收通过后，县级及以上自然资源主管部门按照年度国土变更调查或日常变更机制，开展实地调查举证工作，上传至"国土调查云"平台，形成变化图斑矢量数据，逐级上报检查。

省级自然资源主管部门组织省级林业草原主管部门，对市、县级自然资源主管部门上报的红树林地变化图斑矢量数据开展全面核查。自然资源部自然资源调查监测司组织对地方上报的变更调查更新数据增量包中的新增红树林地变化图斑开展国家级核查，必要时开展实地核查。红树林造林范围内，经年度国土变更调查或日常变更机制核实的新增红树林地面积，认定为红树林造林合格面积。

3. 矿山生态修复方面

历史遗留矿山治理有工作任务、有分级财政资金支持。《广东省自然资源厅关于印发〈广东省历史遗留矿山生态修复实施方案（2023—2025年）〉的通知》（粤自然资修复〔2022〕2848号）规定，2023—2025年广东省将力争完成历史遗留矿山生态修复面积7300公顷以上，并且下达任务分解表，明确了各地市的修复任务。要求积极争取中央专项资金及省级财政资金支持，市、县级自然资源主管部门要加强与同级财政部门沟通，按照事权划分原则，落实财政投入责任，把历史遗留矿山生态修复所需经费纳入年度财政预算，做好财政资金保障。历史遗留矿山范围与在册地质灾害隐患点重叠的，要综合施策、综合治理，将历史遗留矿山生态修复与省民生实事、露天矿山公园建设、山水林田湖草沙一体化保护修复、中央生态环保督察整改任务等有机结合。

申请省级财政资金支持流程。市、县自然资源主管部门统筹问题导向和目标导向，编制生态修复方案，经县级人民政府同意后，逐级上报省自然资源厅申请生态修复项目储备入库（图4-6）。省自然资源厅从省级生态修复项目库中筛选项目，采用专家评审与日常业务监管相结合的方式，综合多因素确定支持项目和支持资金比例，按程序下达生态修复资金。

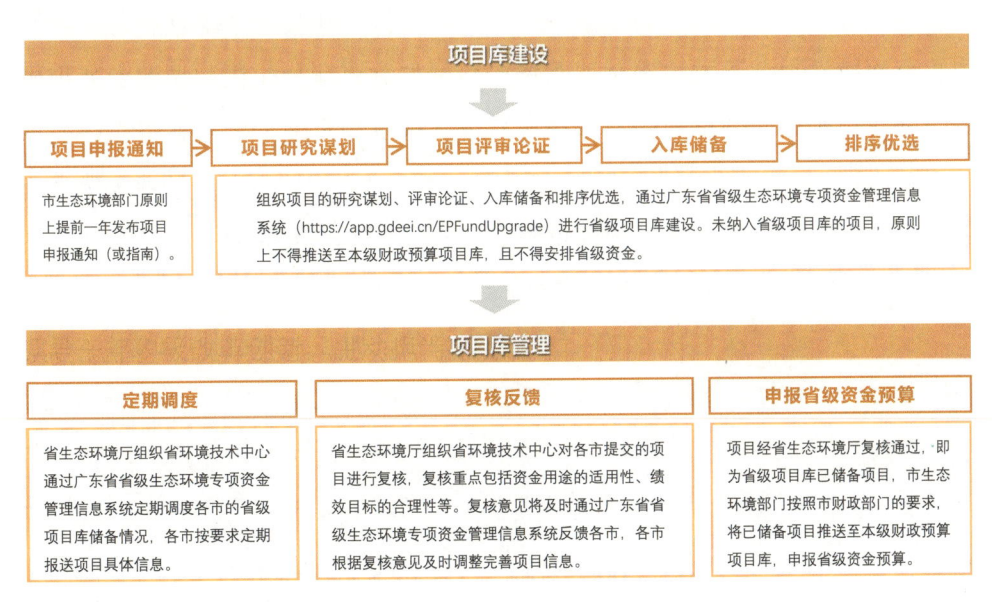

项目库建设

项目申报通知	项目研究谋划	项目评审论证	入库储备	排序优选
市生态环境部门原则上提前一年发布项目申报通知（或指南）。	组织项目的研究谋划、评审论证、入库储备和排序优选，通过广东省省级生态环境专项资金管理信息系统（https://app.gdeei.cn/EPFundUpgrade）进行省级项目库建设。未纳入省级项目库的项目，原则上不得推送至本级财政预算项目库，且不得安排省级资金。			

项目库管理

定期调度	复核反馈	申报省级资金预算
省生态环境厅组织省环境技术中心通过广东省省级生态环境专项资金管理信息系统定期调度各市的省级项目库储备情况，各市按要求定期报送项目具体信息。	省生态环境厅组织省环境技术中心对各市提交的项目进行复核，复核重点包括资金用途的适用性、绩效目标的合理性。复核意见将及时通过广东省省级生态环境专项资金管理信息系统反馈各市，各市根据复核意见及时调整完善项目信息。	项目经省生态环境厅复核通过，即为省级项目库已储备项目，市生态环境部门按照市财政部门的要求，将已储备项目推送至本级财政预算项目库，申报省级资金预算。

图4-6 省级生态修复项目储备入库工作流程

4. 森林生态系统修复方面

林草地生态修复可获得产权激励。《广东省人民政府办公厅关于鼓励和支持社会资本参与生态保护修复的实施意见》（粤府办〔2023〕16号）明确规定，对集中连片开展生态保护修复达到一定规模和预期目标的生态保护修复主体，允许依法依规取得一定份额的自然资源资产使用权，从事旅游、康养、体育、设施农业等产业开发，其中以林草地修复为主的项目，修复面积达到500亩以上，可利用不超过修复面积3%、不超过30亩的土地转为建设用地从事生态产业开发。

4.3.4 其他资源要素保障方面的政策支撑

生态修复奖励新增建设用地计划指标。《广东省人民政府办公厅关于鼓励和支持社会资本参与生态保护修复的实施意见》规定，对生态修复示范项目完成验收的地市，根据项目储备入库等因素，奖励年度新增建设用地计划指标300亩。

4.4 建立金融支持、多元投入的资金保障体系

全域土地综合整治项目资金需求量大，应统筹运用各种政策工具，充分发挥财政资金引导作用，构建金融机构重点支持、社会资本积极参与的多元化资金筹措机制，通过构建统筹兼顾的指标收益合理分配机制调动各方积极性，为项目实施提供资金保障。加大财政支持引导力度，建立省重点建设项目清单，支持符合条件的优质项目申请中央和省预算内资金或专项债券资金。涉及农民住宅建设、县镇村基础设施建设和优化土地资源配置等的全域土地综合整治项目，可按规定享受税费减免。

鼓励地方政府以全域土地综合整治为平台，加强土地出让收入用于农业农村资金的统筹使用，整合各类涉农资金，加大财政投入，提升资金使用效益。充分发挥开发性、政策性金融机构长周期、低利率信贷支持作用，按照自然资源部与国家开发银行、中国农业发展银行合作协议，建立"总对总、分对分"工作模式，部指导省级自然资源（海洋）主管部门建立政策性金融支持土地综合整治和生态保护修复项目储备库，引导政策性金融机构对入库项目予以

优先支持，按程序做好入库储备及项目推荐。政策性金融机构总行指导分支机构组建综合服务团队，优化金融服务流程，提供一站式专业化服务。

积极运用鼓励和支持社会资本参与生态保护修复的相关政策，按照市场化原则吸引社会资本参与，保障社会资本合理收益。加强全域土地综合整治与耕地占补平衡、建设用地增减挂钩、集体经营性建设用地入市等相关政策衔接，完善各类指标交易规则，为全域土地综合整治提供资金支持。各地要注重把控资金平衡，防止形成新的地方隐性债务。

4.4.1 聚焦资源有效整合，力求多元合力补资金短板

强化全域土地综合整治财政专项资金投入保障。市、县级人民政府应当高度重视全域土地综合整治工作，发挥集中力量办大事优势，将全域土地综合整治作为大事来办，集中本级财政资源用于全域土地综合整治项目，确保财政投入与全域土地综合整治任务相适应。资金使用精准对接实际需求，切实解决短板问题，以确保全域土地综合整治项目的顺利实施。项目建设要注重前期手续办理、质量进度管控，依托全域土地综合整治领导小组与工作专班加强多部门业务协同，确保涉农资金申请、使用程序规范，提高资金使用效率。

聚焦各类全域土地综合整治项目相关财政专项资金有效整合。在全域土地综合整治财政专项资金的基础上，按照"渠道不乱、用途不变、集中投入、形成合力"的原则，积极在项目实施中，密切结合农业农村、住房和城乡建设、水利、交通运输、生态环保、文化和旅游、林业等行业涉农资金政策，统筹整合使用涉农资金，引导资金向全域土地综合整治项目区域集聚，鼓励符合条件的全域土地综合整治项目申请专项债券支持，力求多元合力补资金短板。坚持结果导向，建立全过程资金管理机制，在预算编制环节科学谋划各项专项资金流向，明确绩效目标，常态化开展资金监管，将各项专项资金的分配和使用管理与支持农业农村发展实际成效紧密结合。

在项目前期策划阶段，结合政策导向和整治目标，根据全域土地综合整治区的功能定位，确定重点整治区域，设计不同类型的整治路径。以资源资产价值实现及增值为导向，将经营性项目、非经营性项目统筹谋划，避免重复建设和资源浪费，提高项目的整体效益。通过项目土地综合利用规划，增

强多元化产业项目的经营性收入,实现整体资金平衡。

4.4.2 拓宽资金投入渠道,借助多方共筹破资金难题

坚持政府主导、市场化运作的原则,拓展资金筹融渠道。在财政资金保障有力的同时,充分发挥财政资金撬动作用。合理拓宽项目融资渠道,支持政策性、开发性金融机构在依法合规、风险可控前提下,优化金融产品和服务方式,积极支持全域土地综合整治,引导带动商业性金融机构加大信贷支持力度。

一是创新全域土地综合整治金融支持政策,如优惠贷款、利息补贴等,降低国企、央企和社会资本参与全域土地综合整治的融资成本。积极争取开发性金融机构、政策性银行的政策性资金支持,引入社会资本以市场化方式成立专项基金,提高投资吸引力度,进一步扩大融资规模,争取更多的低息专项贷款注入全域土地综合整治子项目,实现资金的多元化筹措。鼓励政策性金融机构制定支持土地综合整治与生态保护修复专项政策,对各地项目储备库推送项目优先纳入总行级名单制管理,开辟"绿色通道",实行优先培育、优先受理、优先入库、优先调查、优先审查、优先审议、优先审批、优先发放等政策,并在贷款期限、额度、利率等方面给予优惠。鼓励政策性金融机构结合自然资源领域有关激励政策依法合规开展投融资模式创新,发行主题债券,做好资金筹集,给予专项支持。

二是鼓励市场化运行,引进有实力的国企、央企和社会资本积极参与全域土地综合整治,鼓励成立市场化的全域土地综合整治实施主体,通过"资源资产注入、授予经营权"等方式,增强企业综合实力;地方政府应充分运用好国家、省市在全域土地综合整治方面的政策,结合地方实际情况,出台相关措施,支持实施主体通过合法合规方式取得建设用地使用权、农用地经营权和相关资产运营权,通过产业增收、土地流转等方式增强企业的持续经营及盈利能力。以项目为依托,在不新增地方政府隐性债务的前提下,可依法依规通过国有企业统筹、社会主体自筹、多主体联合筹措、以经营性预期收益为还款来源及抵质押物向金融机构申请贷款等方式筹集资金。完善符合条件的经营性项目投资收益分配机制,依法依规合理分摊投资收益或亏损,有关成本费用及合理收益在项目实施前约定一致,合法保障。

三是动员社会力量捐助,以镇政府的名义,通过颁发荣誉证书、刻碑铭传和利用各种媒体宣传等形式,动员和鼓励当地经商成功人士、私企老板、外出工作和务工人员,为全域土地综合整治的管理和发展出资出力。

4.4.3 合理遴选投融资模式,完善社会资本参与路径

鼓励社会资本采取自主投资、与政府合作等方式,通过公开竞争参与全域土地综合整治项目,并按规定通过产权激励、资源利用、财税支持、金融扶持、特许经营等方式获得合理回报。根据政策规定及实践经验,全域土地综合整治项目投融资模式主要包括:政府直接投资模式、政府专项债模式、政府授权国企平台(Finance+Engineering Procurement Construction,缩写F+EPC)模式、政府和社会资本合作(Public-Private-Partnership,缩写PPP)模式、特许经营模式、投资人+设计-采购-施工(投资人+EPC)模式、设计-采购-施工+运营(Engineering Procurement Construction+Operation,缩写EPC+O)模式、抵押补充贷款(Pledged Supplemental Lending,缩写PSL)模式等。

1. 政府直接投资模式

以政府部门为实施主体,利用财政资金直接进行投资建设。其建设资金的主要来源是政府财政直接出资(图4-7)。

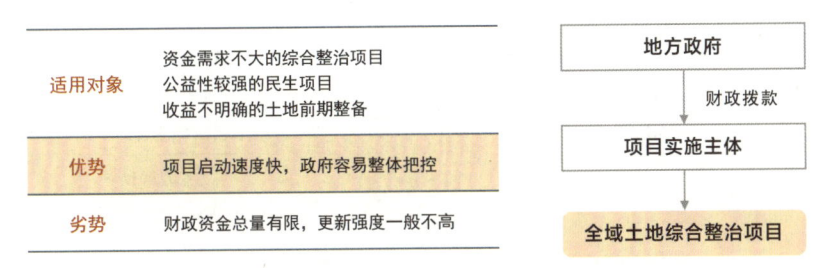

适用对象	资金需求不大的综合整治项目 公益性较强的民生项目 收益不明确的土地前期整备
优势	项目启动速度快,政府容易整体把控
劣势	财政资金总量有限,更新强度一般不高

地方政府 → 财政拨款 → 项目实施主体 → 全域土地综合整治项目

图4-7 政府直接投资模式

案例专栏4-6

山东省枣庄市滕州市西岗镇的融资模式

西岗镇充分利用土地综合整治和土地增减挂钩政策,自2009年以来共实施验收8个村庄增减挂钩项目,拆旧村庄土地面积达1615亩,安置区占

地面积 325 亩，新建多层居民社区 30 万平方米，拆旧村复垦新增耕地面积 1593 亩，节余建设用地指标 1268 亩，投入资金 5 亿元左右。西岗镇土地整治现有的融资模式主要有两种：一是政府主导的融资模式；二是政府主导、市场运作的融资模式。

1. 政府主导的融资模式主要由政府筹措资金进行投资。西岗镇建设用地整治全部由市政府从新增建设用地土地有偿使用费、耕地开垦费、土地出让金中提取的农业土地开发资金、土地出让收益等进行投资治理。通过对搬迁后的建设用地进行整治，复垦后新增加了耕地，解决了农村人均耕地少的现实问题，产生了显著的经济效益和社会效益。

2. 政府主导、市场运作的融资模式坚持政府筹资为主，同时政府鼓励企业参与土地整治和安置区建设。

2. 政府专项债模式

以政府为实施主体，通过专项债或"财政资金＋专项债"形式进行投资。主要收入来源包括土地指标出让收入、产能收入、农业经营收入、文旅及产业收入等（图 4-8）。

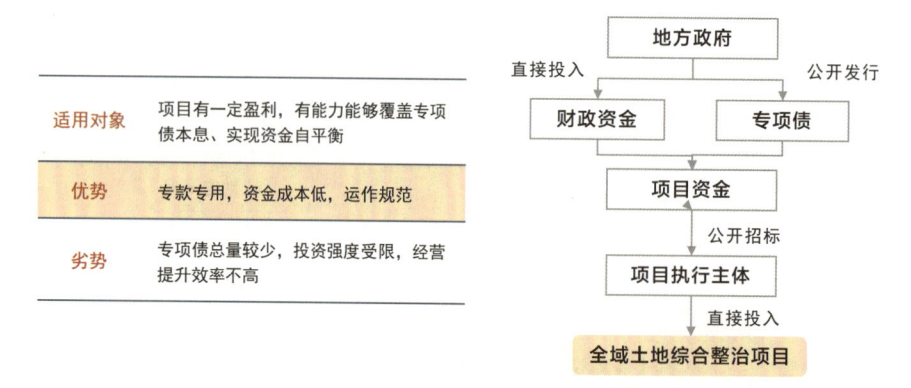

适用对象	项目有一定盈利，有能力能够覆盖专项债本息、实现资金自平衡
优势	专款专用，资金成本低，运作规范
劣势	专项债总量较少，投资强度受限，经营提升效率不高

图 4-8　政府专项债模式

案例专栏 4-7

浙江省宁波市镇海区通过"资本金＋专项债券＋市场化配套融资"开展全域国土空间综合整治

2023 年 3 月，宁波城建投资控股有限公司与镇海区人民政府签订全域国土空间综合整治战略合作协议,双方将依托各自在资源配置、区域开发、项目建设和运营等方面优势,共同合作开展镇海区全域国土空间综合整治工作。

宁波市镇海区财政局牵头会同项目实施单位(宁波市镇海区城市更新投资建设运营有限公司)在全市四个示范区中率先启动谋划全域整治专项债项目,研究探讨全域整治专项债实施方案,提出"资本金＋专项债券＋市场化配套融资"的全域整治投融资模式,通过跨领域子项目"肥瘦搭配"实现项目资金统筹平衡。

3. 政府授权国企平台（F+EPC）模式

政府授权国有企业负责全域土地综合整治项目的投资、建设、运营管护,允许与投资方、总承包组建联合体参与项目。以地方国企为实施主体,通过承接债券资金与配套融资、发行债券、政策性银行贷款、专项贷款等方式筹集资金。项目收入来源于各子项目收益,以及各类专项资金补贴等方面（图4-9）。

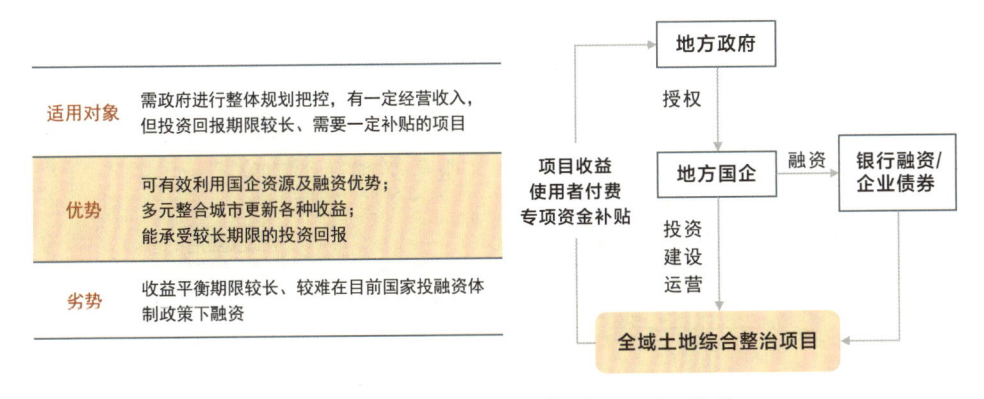

适用对象	需政府进行整体规划把控,有一定经营收入,但投资回报期限较长、需要一定补贴的项目
优势	可有效利用国企资源及融资优势; 多元整合城市更新各种收益; 能承受较长期限的投资回报
劣势	收益平衡期限较长,较难在目前国家投融资体制政策下融资

图 4-9　政府授权国企平台（F+EPC）模式

4. 政府和社会资本合作（PPP）模式

政府通过公开引入社会资本,由政府出资方代表和社会资本方成立项目公司,以项目公司作为项目投融资、建设及运营管理实施主体。项目投入资金有赖于股东资本金及外部市场化融资（图4-10）。

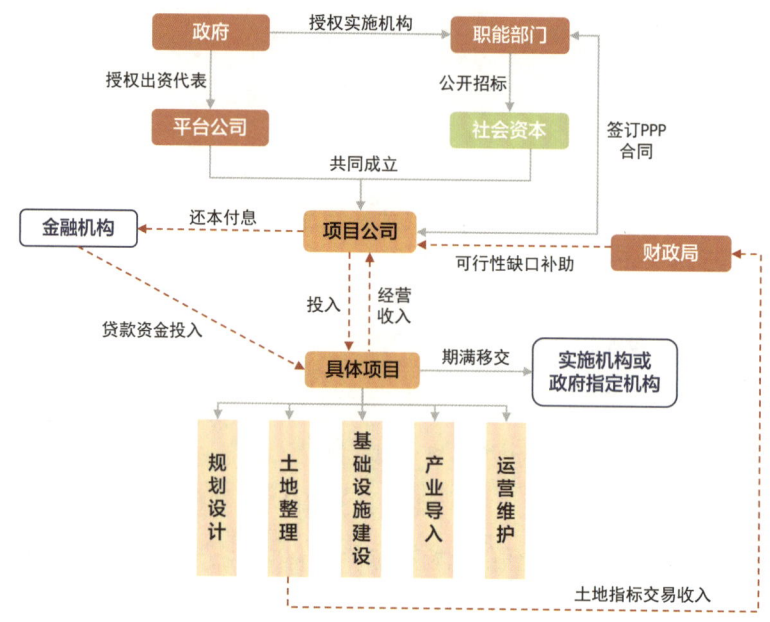

图 4-10　政府和社会资本合作（PPP）模式

5. 特许经营模式

政府采用竞争方式公开采购社会投资人，授予特许经营权，约定其在一定期限和范围内投资建设运营基础设施和公用事业并获得收益，提供公共产品或者公共服务。平台公司可与投资人合资成立项目公司。特许经营项目的要点是社会资本从事提供公共产品或公共服务必须获得政府授权（图 4-11）。

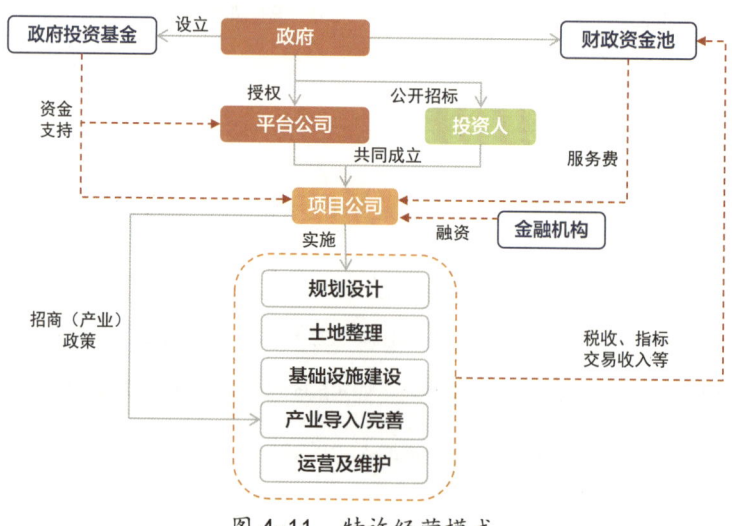

图 4-11　特许经营模式

6. 投资人＋设计－采购－施工（投资人+EPC）模式

针对全域土地综合整治中出现的大量工程建设，由工程建设企业探索提出了"投资人+EPC"模式。该模式由政府委托其下属国企与工程建设企业共同出资成立合资公司，由合资公司负责所涉及全域土地综合整治项目的投资、建设及运营管理。项目收益主要为运营收益及专项补贴（图4-12）。

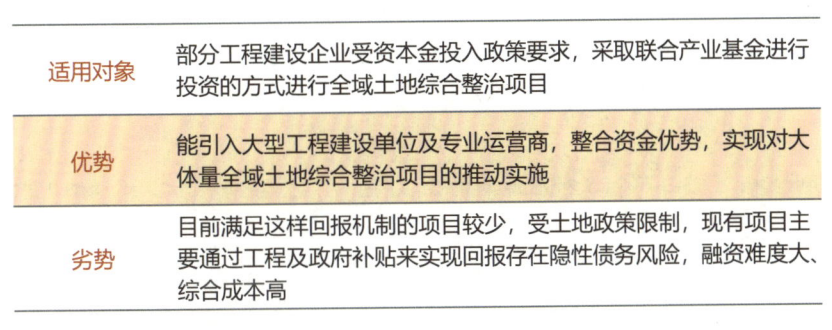

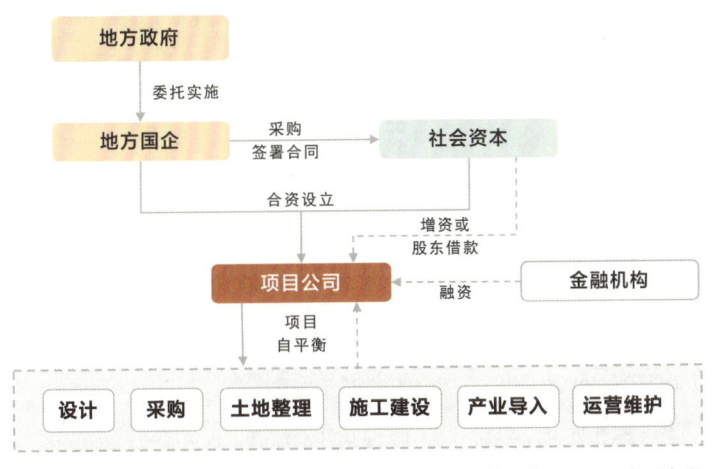

适用对象	部分工程建设企业受资本金投入政策要求，采取联合产业基金进行投资的方式进行全域土地综合整治项目
优势	能引入大型工程建设单位及专业运营商，整合资金优势，实现对大体量全域土地综合整治项目的推动实施
劣势	目前满足这样回报机制的项目较少，受土地政策限制，现有项目主要通过工程及政府补贴来实现回报存在隐性债务风险，融资难度大、综合成本高

图 4-12　投资人＋设计－采购－施工（投资人+EPC）模式

7. 设计－采购－施工＋运营（EPC+O）模式

项目实施主体为平台公司，平台公司自筹建设资金并对项目施工总承包进行公开招标，招标范围包括项目建设运营，如设计、施工、招商等与项目有关的所有建设和服务。项目土地开发收益、指标交易收益、产业税收等收入由政府拨款，一部分用于支付专业公司（即施工总承包方）的成本及收益，另一部分用于乡村人居环境的改善（图4-13）。

"EPC+O"模式下，一个总承包单位统筹原先分离运行的设计、采购、施工和运营等环节,并对投用后的工程进行常态化管护,确保工程正常运转,大幅缩短工期的同时又利于提高工程整体品质。该模式适用于地方政府财力雄厚但缺乏相关专业能力的地区。

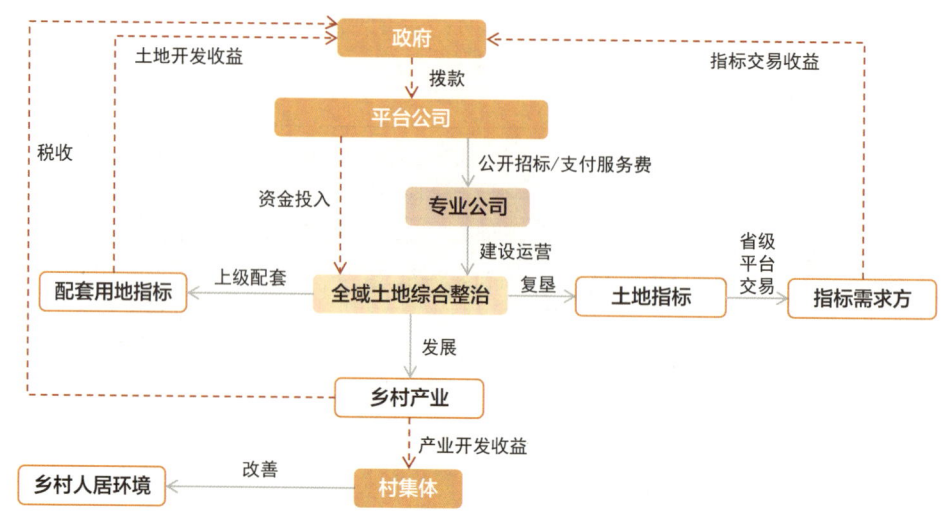

图 4-13 设计-采购-施工+运营(EPC+O)模式交易结构

8. 抵押补充贷款(PSL)模式

PSL 是央行于 2014 年 4 月推出的新型货币政策工具,是为支持国民经济重点领域、薄弱环节和社会事业发展而对金融机构提供的期限较长的大额融资。

PSL 采取质押方式发放,合格抵押品包括高等级债券资产和优质信贷资产。其核心运作方式为央行通过国开行向地方政府平台发放专项贷款,而地方政府通过回收土地获得卖地收入偿还贷款。PSL 具有利率低、贷款期限较长的特点。

2023 年 12 月,国家开发银行、中国进出口银行、中国农业发展银行净新增 PSL 3500 亿元,期末 PSL 余额为 32522 亿元,将投向全域土地综合整治(高标准农田建设、低效工业用地整治、城镇低效用地整治再开发、废弃矿山生态修复等)新发展模式方面。

4.4.4 深入理解政策方向、全方位认清用好各项利好

全域土地综合整治作为省"百千万工程"的重要抓手,在原有试点政策

基础上，省层面已积极推进多项支持政策，从空间优化、指标奖励、产权激励、资金保障、优化审查机制等方面完善政策支撑体系，以鼓励和支持全域土地综合整治开展，进一步助推城乡区域协调发展。这些利用政策导向，除可有效增强地方政府的信心以保障更多可用财政资金持续投入，还将进一步激发社会资本积极性，促使更多资源要素流向综合整治领域，将进一步增强全域土地综合整治良性发展的内生动力。

一是可优化国土空间格局。在严格落实耕地保护优先序，确保城镇建设用地规模和城镇开发边界扩展倍数不突破的前提下，可根据全域土地综合整治需要局部优化城镇开发边界。按照"先补后调、质量不降、数量不减"的原则，探索永久基本农田局部优化调整。

二是指标奖励和交易指标可省域内流转。符合条件的全域土地综合整治项目整体通过验收后，省级按照新增耕地面积 5：1 奖励该县（市）新增建设用地计划指标，单个项目奖励指标不超过 1000 亩，所获奖励指标专项用于农村一二三产业融合发展项目、基础设施和公共服务设施建设。通过全域土地综合整治形成的新增耕地指标（含水田指标）、增减挂钩（拆旧复垦）、历史遗留废弃采矿用地复垦修复腾退的建设用地指标及规模等，全部归当地县级政府所有，优先备案入库并保障本地需求，节余部分可在省域内流转交易。推动新增经营性用地出让、历史违法用地补办手续等与所需各类指标相挂钩，采矿项目新增用地与复垦修复存量采矿用地相挂钩，根据市场供需情况合理制定交易保护价。

三是产权激励。对集中连片开展生态保护修复达到一定规模和预期目标的生态保护修复主体，允许依法依规取得一定份额的自然资源资产使用权，从事旅游、康养、体育、设施农业等产业开发，其中以林草地修复为主的项目，修复面积达到 500 亩以上，可利用不超过修复面积 3%、不超过 30 亩的土地转为建设用地从事生态产业开发。

四是资金来源有保障。县级人民政府所得收益应全部用于全域土地综合整治等"百县千镇万村高质量发展工程"有关重点工作。对于复垦指标和城乡建设用地规模成交价高于复垦指标交易最低保护价部分的收入，由省政府统筹安排用于全域土地综合整治等"百县千镇万村高质量发展工程"有关重点工作。省财政安排引导资金支持地方开展全域土地综合整治工作。推动涉农资金统筹用于全域土地综合整治工作。遴选优质项目纳入省重点建设项目清单,支持符合条件的项目申请中央和省预算内资金或专项债券资金,全域土地综合整治项目可按照乡村振兴有关政策规定实施税费减免。

五是项目审查机制可优化。对空间相连或相邻,且具有统一施工条件的子项目,鼓励地方结合实际探索"多审合一"制度创新。

4.5 建立理念先进、专业可靠的运营支撑体系

全面贯彻党的二十大精神,探索建立整治成果共建共享机制,在发展中不断实现人民对美好生活的向往。横向上强化区域板块结对帮扶协作,粤东、粤西、粤北地区腾空间,有序承接珠三角产业转移。纵向上强化国企责任担当,央企、省属国企牵头打造全域土地综合整治运营平台,支撑百县千镇万村高质量发展。

4.5.1 建立协同实施机制,巩固多方参与发展形势

建立平台公司,实施运营前置。有条件的地方,可由政府授权地方国企成立平台公司协同实施全域土地综合整治。可委托平台公司作为项目管理运营主体,负责项目策划、运营、实施、监督等全过程事务,保障项目顺利实施。平台公司要以产业提升为基础,以满足市场需求为导向,以乡村资源、产业基础、人文历史等优势为依托,以项目策划和产业运作为要,在继续从事传统农业农村基础设施建设、土地整理和增减挂业务的同时,采取规模集群,农村一二三产业融合开发的思路,集中连片规划建设开发高标准农田项目,同时考虑融入农业新科技、美丽乡村建设、农事服务、休闲农业等农文旅要素,以展示美丽乡村、智慧乡村、生态乡村的特点,整合涉农资金,吸引社会资本投入,打造功能完备的农业综合开发现代生态农业示范区,发挥标杆引领作用,为产业兴旺夯实基础。

建立多方协同实施机制,保障各方利益诉求。由平台公司牵头,确定项目全过程咨询机构,共同联动县镇政府、相关职能部门以及村级基层组织、

项目建设方，构建"政府主导、自然资源部门搭台、多部门融合、平台公司统筹、群众参与"工作格局（图4-14），统筹各方诉求，解决项目全流程中出现的各种问题，并形成明确的项目实施路径。各地应注重发挥农村基层党组织战斗堡垒作用，充分发挥农民主体作用，引导基层群众全方位参与。要充分依托各级土地整治专业机构，积极发挥专家和智库作用。鼓励发挥"土地整治+"平台作用，发展新型农业经营主体和社会化服务，培育乡村特色产业。

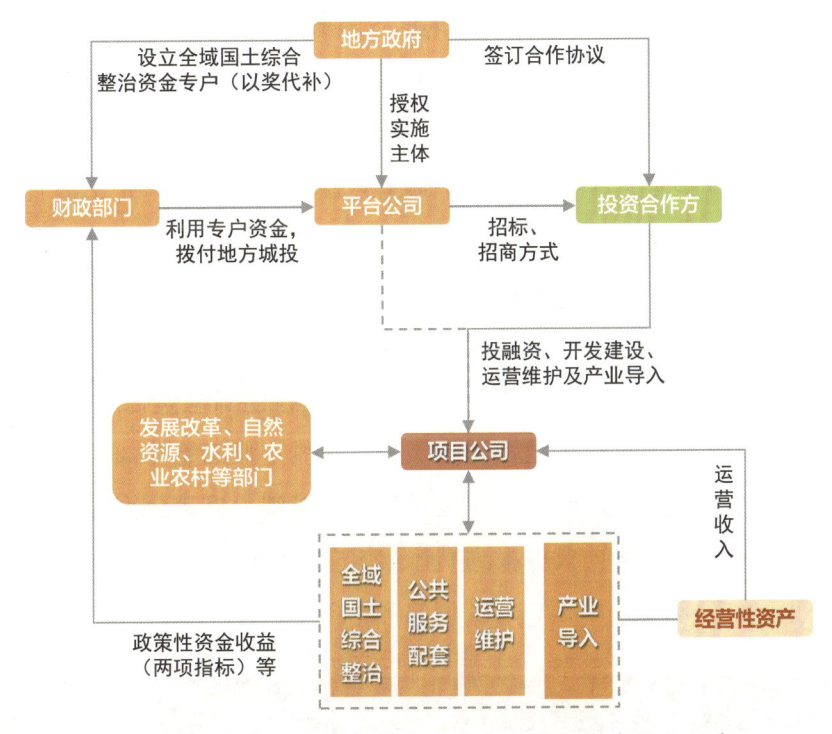

图4-14 全域土地综合整治"平台公司"构建思路示意

4.5.2 强化示范引领、复制推广成功经验

2019年国家部署全域土地综合整治试点工作以来，广东省42个试点初步形成一批可复制、可推广的典型样本。比如，广州市从化区通过开展万亩良田示范项目探索片区耕地连片规模化利用，佛山市南海区探索通过"三券"制度腾挪发展空间，梅州市蕉岭县探索以详细规划深度编制镇级国土空间规划引领全域土地综合整治有序开展，河源市东源县顺天镇探索通过土地有序流转促进农业一二三产业融合发展等。

接下来应强化宣传引导，各地区各有关部门要广泛宣传推进全域土地综合整治的重大意义，总结推广好经验、好做法、好成效，强化典型带动，打造一批典型项目和精品工程。充分发挥党员干部、群众代表、乡贤、"三师"志愿者等作用，加强整治工作全过程跟踪指导，营造全社会共同推进全域土地综合整治的良好氛围。

各地应结合县的优势、镇的特点、村的资源，依托建设美丽圩镇、典型县镇村和乡村振兴示范带等，打造一批全域土地综合整治示范区和精品工程。选择实力雄厚、经验丰富、资质齐全的企业开展合作，联合打造示范运营平台，总结提炼各地经验做法，因地制宜推广地券、房券、绿券等创新模式。

4.5.3 完善配套政策、促进政策的集成创新机制

创新政策机制体制、明确操作指引。试点项目整体完成申报后，实施过程包含的农业、水利、自然资源、生态环境等各条块的子项目仍然回归到各部门单独去立项、设计、实施，这样不但不能缩减各类型项目前期工作的周期，影响实施效率，而且影响整体的实施效果。各地应结合全域土地综合整治实际情况，加大政策保障和体制机制创新力度，地方政府主管部门应明确相关实施管理具体操作要求，或统一立项统一实施或统一立项分别实施，按不同操作模式出台相应的从项目申报到具体实施全过程的具体工作指引，推动整体实施效率。

案例专栏 4-8 ▶

广州市从化区构建全域土地综合整治"1+N"的政策体系

从化区紧抓全域土地综合整治，构建全域土地综合整治"1+N"的政策体系。立足农用地整理、建设用地整理、乡村生态保护修复和历史文化保护等基本整治任务，构建"1+N"全域土地综合整治政策保障体系，制定《广州市从化区关于以全域土地综合整治促进乡村振兴实现高质量发展的十条措施》《广州市从化区关于助力产业高质量发展的十条规划用地措施》《广州市从化区关于促进农村集体经济留用地高效开发利用的意见》《从化区"点状供地"项目实施工作指引》等政策。其中，《广州市从化区关于以全域土地综合整治促进乡村振兴实现高质量发展的十条措施》，从规划引领、用地

保障、耕地保护、农村建设用地集约节约利用、留用地高效开发、乡村建设项目规划报建、乡村生态保护修复综合整治、历史文化资源活化利用、涉农资金整合、农民权益保障等10个方面,助力高质量建设从化绿色发展示范区。

建立指标交易有保障的激励政策。按照统一谋划、整体推进的工作要求,合理设置各类子项目。全域土地综合整治子项目产生的补充耕地指标、城乡建设用地增减挂钩等指标,可在子项目通过验收、备案后按指标管理相关规定先行使用或交易。在现有项目组织申报、实施管理、验收评估等政策体系基础上,进一步明确具体工作指引,探索完善各类型实施主体积极参与全域土地综合整治工作的政策激励机制。

建立健全权属调整的政策机制和技术体系。随着全域土地综合整治实施空间尺度的不断延伸,由两个或者多个村到全镇、全县域范围,全域土地综合整治未来的趋势势必朝着更为广阔的空间发展,过程中不可避免涉及土地权属调整。因此建立可操作性和实用性较强的土地权属调整的政策制度和技术规范尤为重要,包括土地权属调整的适用范围、调整依据、调整原则、调整程序、调整后涉及的不动产登记等政策制度设计,以及土地权属调整前的调查、评估等技术规范。在坚持农民主体和村民自治的前提下,保障土地权属调整后的土地价值再分配公平合理,积极稳妥有序推进权属调整工作。

畅通农业空间、生态空间价值实现路径。一是充分发挥现代农业和乡村文旅对农业、生态空间连片集聚的规模效应。为破解农业、生态空间收益能力低的问题,对积极参与低效工业用地拆旧复垦、农村居民点整治,形成集中优质耕地、连片生态空间,并引入家庭农场、重点农业龙头企业、全域旅游项目的,奖励农业、生态空间一定比例的点状供地用地规模和指标,通过点状供应经营性建设用地,实现在整治区域内收回因农业、生态空间正外部性产生的外溢价值。二是积极探索自然资源领域生态产品价值实现机制。通过特许经营权、生态补偿、碳汇项目开发及交易等形式增加农业、生态空间的长远收益,提高区域的本地化收益功能。

持续完善社会资本参与生态修复机制。坚持"谁修复、谁受益"原则,不断完善政府主导、社会参与的引导和激励机制，规范对社会资本参与生态修复工作的管理，保障合法权益。一是健全法律法规，各县（市、区）政府可以通过立法的形式明确社会资本参与生态修复的权益和义务，规范社会资本参与行为，并为其提供支持和保护。二是完善激励机制，通过提供财政激励、税收优惠等方式，鼓励企业、组织和个人投资或参与生态修复项目，进一步提高社会资本的参与度。三是加强全面创新，鼓励并支持社会资本参与生态修复相关的科技创新，提高生态修复的效率和效果；推动并引导社会资本参与与生态修复相关的金融创新，拓宽生态修复项目融资支持；开拓并加强与生态修复工作相关非营利组织、企业和社区等的合作模式创新，提升整体生态修复能力。

4.5.4 创建数字赋能、全生命周期的项目管理机制

全域土地综合整治工作是一项系统、复杂的工程，既包括规划、权属调查、民意收集、成本核算、产出效益测算、整治工程等技术性工作，又涉及自然资源、农业农村、生态环境、发展改革、工程建设等行政职能部门的行政监管。开展全生命周期项目管理，能够大幅度提高全域土地综合整治工作的效率，降低成本，减少风险，实现全方位管控，有效防控资金风险，促进经济持续健康发展。

1. 构建项目储备入库管理机制

构建入库管理机制，助推全域项目资金支持。为加强全域土地综合整治项目管理，推进项目建设管理工作制度化、规范化，提高项目申报质量，依据国土空间总体规划和村庄规划确定的整治内容和目标，对全域土地综合整治项目实行项目库管理，构建整治项目库管理机制。

申报入库的项目必须符合自然资源部国土空间生态修复司印发的《全域土地综合整治试点实施要点（试行）》（自然资生态修复函〔2020〕37号）的相关要求，项目库入库程序、项目建设标准、工程建设要求等事项，可参照《广东省生态修复项目管理细则（试行）》执行。

市、县级人民政府应根据实际情况，结合上一年度同类项目进度质量考核目标等因素，按照自愿申报、合理排序、滚动安排、公开透明的原则，有

计划地安排项目，没有入库的项目不予安排全域土地综合整治相关资金和政策支持。

各县（市、区）人民政府相关业务主管部门要建立项目前期工作管理责任机制，将前期工作各环节落实到人，重视项目前期选址和谋划工作，注重整治项目效益的综合性和系统性，合理制定考核指标。项目实行动态管理，不具备实施条件的适时调整、清理和补充。

2. 建立考核监督和后期管护长效机制

建立考核监督机制，提升全域工作管理水平。试点镇人民政府承担项目具体实施。在全域土地综合整治领导小组的统一安排下，依据批复的实施方案、规划设计及管理方案，组织实施项目建设，确保工程建设质量与效率，开展子项目建设。建立月报制度，县级自然资源主管部门每月逐级上报试点整体推进情况，对整体推进、绩效完成、子项目实施等情况定期梳理，研判项目实施中出现的重大问题。省自然资源厅加强对全域土地综合整治工作推进的考核及督导，开展"沉浸式""解剖麻雀式"实地调研，确保全域土地综合整治工作顺利推进。

强化考核激励。将全域土地综合整治成效作为实施省"百县千镇万村高质量发展工程"的重要考核内容，每年对各地级以上市及有关部门进行考核，强化考核结果运用。对工作开展较好的整治地区给予资金奖励及新增建设用地计划指标奖励。实施"田长制"综合评价考核激励机制，对"田长制"综合评价考核排名靠前的地级以上市予以新增建设用地计划指标及资金奖励；开展省级高标准农田建设年度绩效评估，对先进地区在资金安排时予以倾斜。建立健全廉政风险防控及容错纠错机制，落实"三个区分开来"，激励基层领导干部积极改革创新、主动担当作为。

建立长效管护机制，增强后期运营管护动力。按照"谁受益、谁管护"的原则，切实落实好项目后期管护工作。全域土地综合整治项目建成后，土地整治类项目后期管护不少于3年，各镇街人民政府和相关部门要落实管护主体、管护责任、管护方式、管护经费等工作，做好项目的移交、管护协议签订和管护巡查等工作，建立长效管护机制，建立项目管护基金制度。引入市场机制，充分调动后期管护积极性。在项目策划实施阶段将运营管护工作与施工实施整体打包，通过公开招标的形式，引导社会资本和专业化企业有序参与农村公共基础设施管护，确保项目实施完毕后三年、五年甚至更长时间的运营管护工作得以保障。同时鼓励农业企业、农民专业合作社、家庭农场等各种新型农业经营主体协同开展乡村产业项目建设，更切合地方实际地开展后期运营管护工作。

3. 建立信息化手段开展项目全生命周期监管机制

运用数字化技术手段，实现全域土地综合整治项目设计、施工、验收、管护等全生命周期智能化监管，实现全域土地综合整治项目管理"一张图""一本账""一个库""一体系"的"四个一"。

规划传导"一张图"。以国土空间规划"一张图"为基础，建立统一的"多规合一"底板，通过规划管控要素分解，形成各类整治任务、指标和布局在各级各类规划中的传导关系，构建规划传导应用主动发现和协调冲突矛盾，对涉及永久基本农田保护红线、城镇开发边界的调整方案进行审查，并将调整方案成果及时更新到国土空间规划"一张图"，保障规划传导衔接。

资金管理"一本账"。从全域角度去考虑资金平衡问题，从全域的角度测算资金的收支状况，既要满足当前的经济投入账，又要谋划长远的综合效益账。结合实施方案投资估算、资金筹措、资金平衡、年度安排等内容，系统梳理收入与支出、年度计划与总结等维度内容，形成资金管理"一本账"。

项目管理"一个库"。全域土地综合整治涉及多个子项目，以备案的实施方案为基础，通过信息化的手段系统整合子项目的空间范围、实施进展、资金使用、绩效目标完成情况等信息，以进一步提升项目的管理能力，为全域土地综合整治数字化、智能化管理提供技术手段。

流程管控"一体系"。全盘梳理全域项目的前期谋划、实施方案编制、协调论证、报批手续等全流程，以及子项目前期准备、立项、规划设计、实施、竣工、验收等流程，形成完整工作流线。针对各流程，梳理任务要求、主管部门意见、时间节点等内容，形成留痕记录（图4-15）。

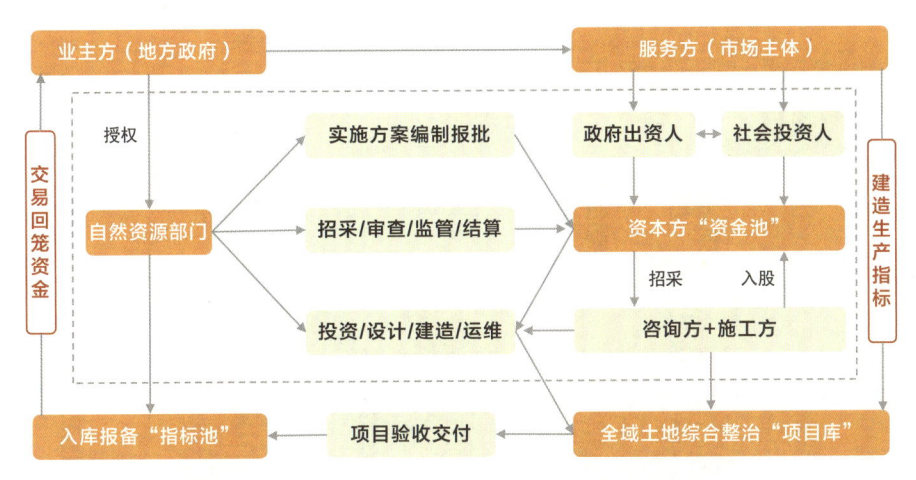

图 4-15 "项目库、资金池、指标池"三者联动

各整治区可参考图 4-16、图 4-17 及图 4-18 构建适用的全生命周期监管机制,以数字赋能增添全域活力。确保项目实施后的地块不出现弃耕丢荒、基础设施管护修护得当到位,做到可持续、可维护,确保项目长期稳定发挥效用,防止重建轻管、重建轻用。

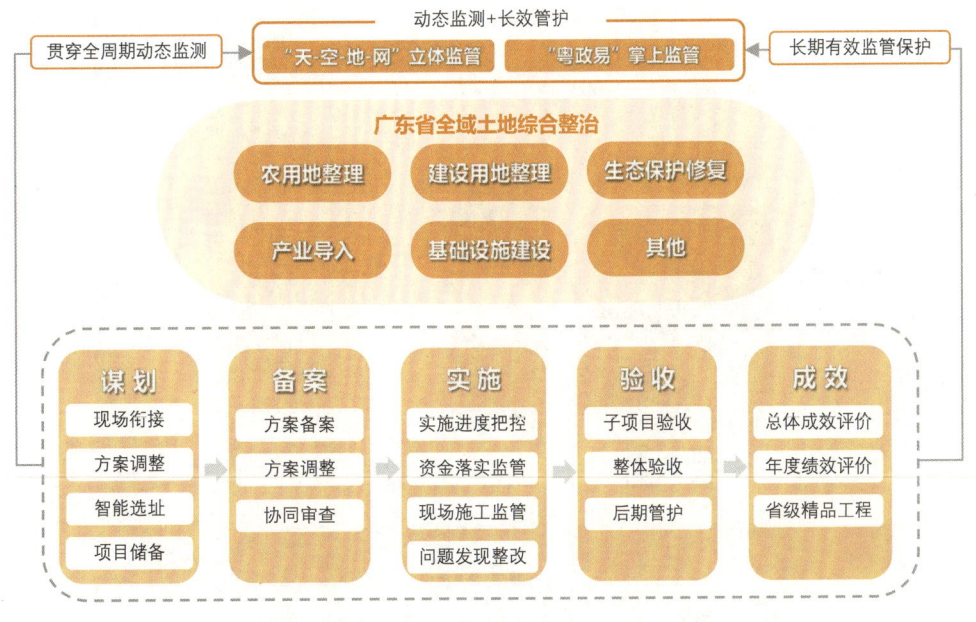

图 4-16 全域土地综合整治监管平台体系示意(一)

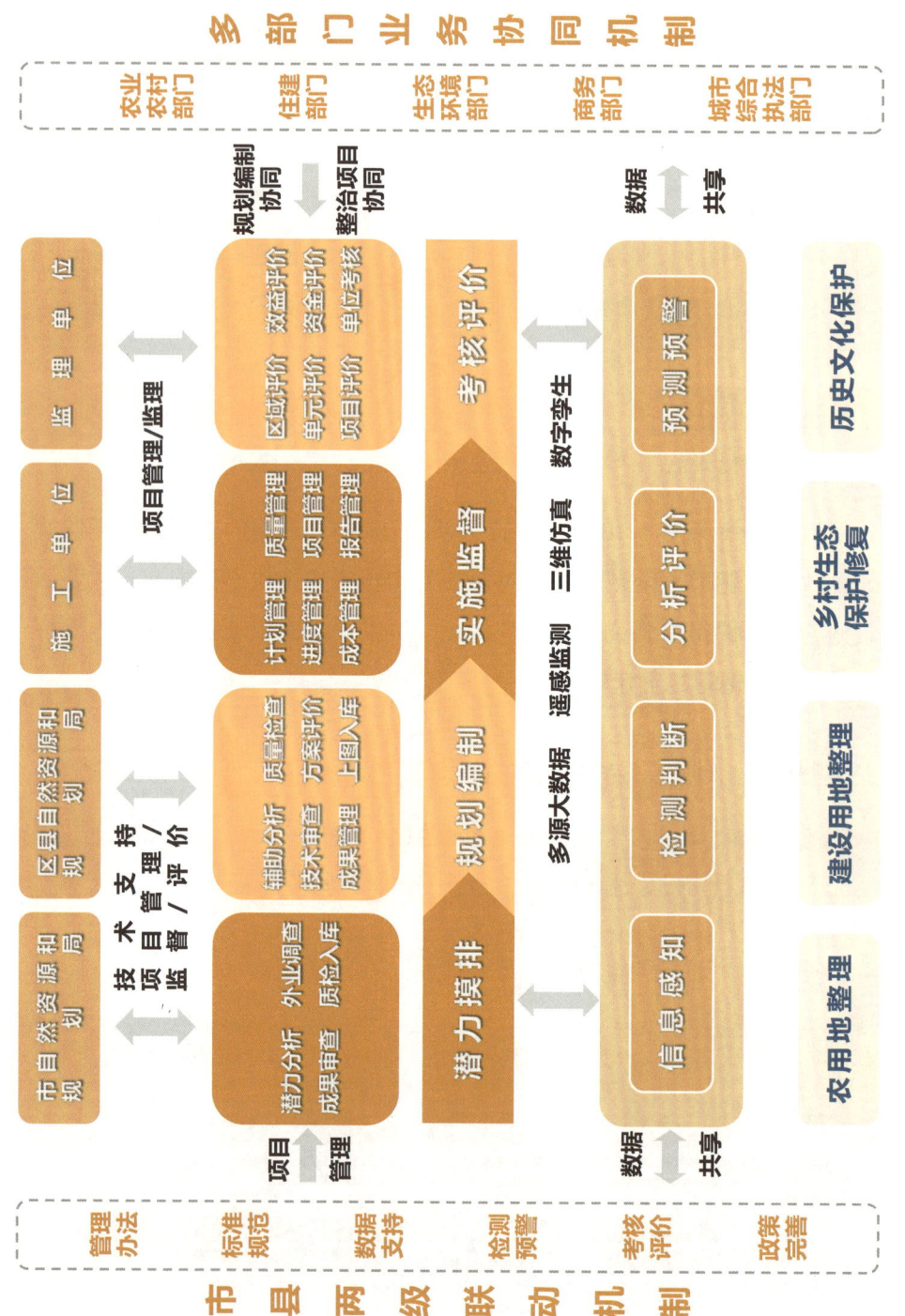

图 4-17 全域土地综合整治监管平台体系示意（二）

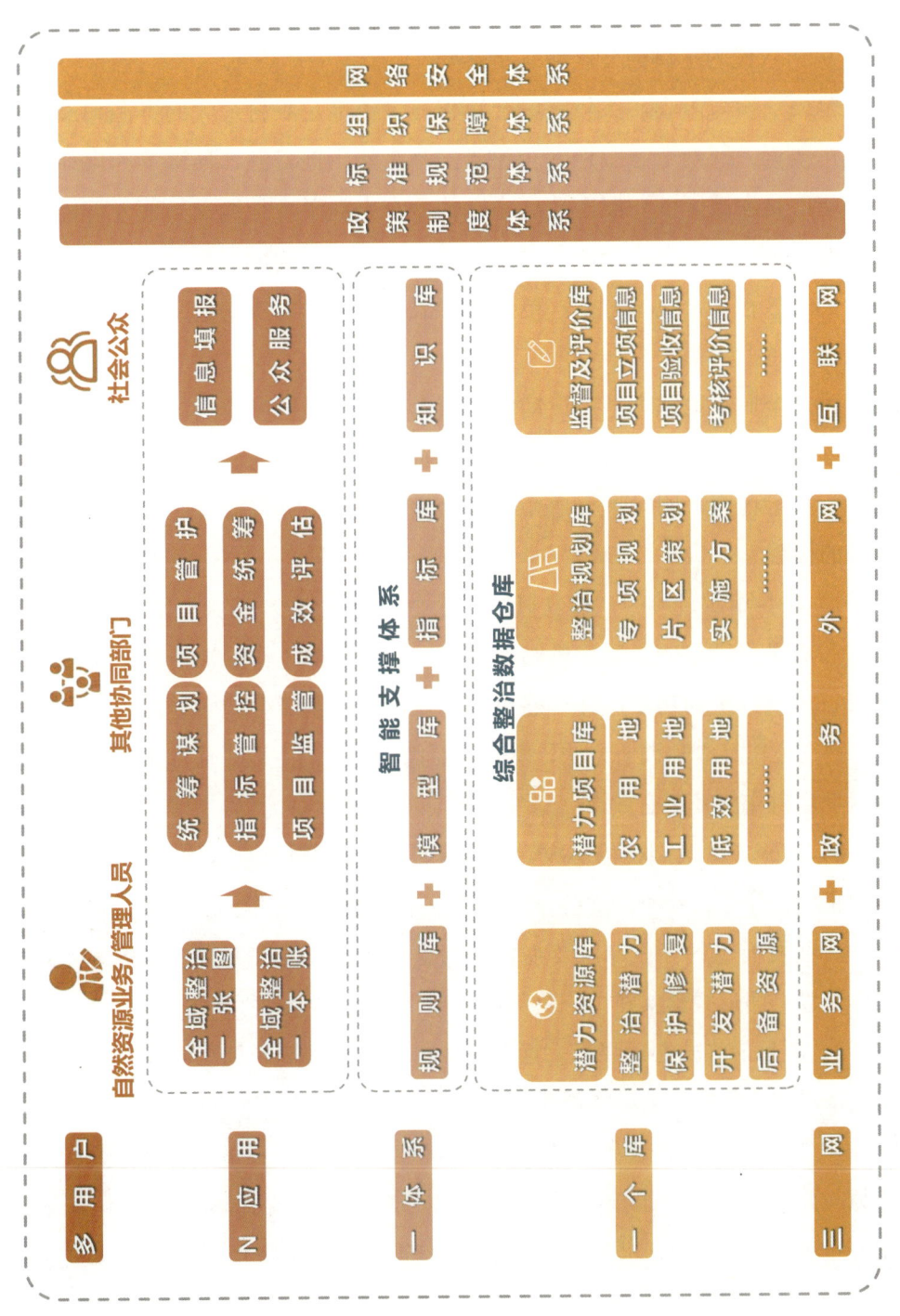

图 4-18 全域土地综合整治监管平台体系示意（三）

4.5.5 建立以民为本、公开透明的公众参与机制

1. 完善农民为主体的公众参与路径

规范公众参与内容，保障农民合法权益。土地是农村最大的资源和最重要的生产要素，开展全域土地综合整治，是盘活土地资源、推进集约用地的重要举措，是突破区域发展土地要素制约的有力抓手，是造福当地老百姓的致富道路，因此亟须在现行法律的基础上，进一步明确公众参与全域土地综合整治的有效程序，包括时间、范围和形式等内容，以实现公平、公开、公正的理性沟通。

农民是全域土地综合整治活动的直接受益者和重要参与人，各整治区可通过建立意见征求和成果公示的公众参与及监管机制，明确公众参与时间、范围和形式等内容，同时多渠道拓宽民众意见征集及过程监管途径，切实保障农民的权益。

（1）项目组织过程中，建立以农民为主体的公众参与机制，广泛开展意见征求和成果公示并建立监管机制，确保农民对整治工作的知情权、参与权和监督权。项目策划初始，针对痛点、难点，通过座谈会、问卷调查、实地走访、网上征集等多种调研方法，摸清需要优先解决的主要矛盾和主要问题，确保后期项目实施真正有效果。

（2）实施方案策划初稿形成后，广泛征求民众意见，让民众参与到项目决策中来，召开行业专家咨询会、论证会，充分听取自然资源、水利、农业、财政、产业发展等各行业专家及主管部门意见。完善修改方案，并将各类意见及建议以书面形式落实在组织材料中，确保项目后续顺利开展。

（3）项目最终核心成果以书面形式大幅面、清晰明了地在当地镇人民政府网站、村委公示栏等公共场所进行公示公告。

（4）在项目实施过程中，建立农民质量监督员制度，充分汲取广大农民的意见与建议，施工效果接受农民的监督；鼓励农民和农村集体经济组织采用投工投劳等多种方式参与工程建设，并获得经济效益，增强农民对于全域土地综合整治工作的获得感和认同感，让项目实施的效果真正服务于农民、有利于农民，切实保障农民切身利益。

（5）此外，需要做好村民思想工作。要加强与乡贤的联系，及时传递乡情乡事，进一步密切乡贤与家乡的联系，提升乡贤群体的归属感，激发乡贤反哺家乡的活力与动力，引导和支持乡贤积极投身家乡建设，吸引更多的资金、项目、人才、技术投入到全域土地综合整治。

建立多方利益联结机制，提高农民积极性。在项目实施过程中，充分尊重农民意愿，着力保障农民合法权益。注重联农带农，统筹相关各方利益，调动利益相关方的积极性。探索通过"土地入股""资源入股"等合作共赢方式，让农民分享更多土地增值收益，激发集体和农民参与支持项目建设的主体作用和内生动力。建立全域土地综合整治形成的各类土地指标收益分配机制，根据新增耕地项目实施情况和指标收益情况，给予积极参与项目建设的镇政府、村集体适当比例的利润分成，给予积极参与实施的镇村基层干部适当的物质奖励。涉及征拆补偿的，以公开透明的方式及时给予农民补偿或者安置。

2. 完善学习交流和政策技术培训机制

加大交流学习力度，增进公众对政策的理解。组织各级党政干部、各主管部门主要负责人到先进地区考察借鉴，提高不同参与部门思想站位，学习先进经验并结合自身实际在地方灵活运用。组织乡村规划师驻乡村开展培训，提升镇村基层干部及人民群众对全域土地综合整治的理解和认识。面对镇村基层实施人员，加强技术指导，使其充分理解全域土地综合整治各方面政策要求、负面清单；确保工作开展过程中不出现由于政策理解偏颇、程序操作不当等影响实施进度的情形。

3. 完善宣传引导和信息发布机制

强化项目宣传引导，打造全域品牌效应。项目组织建设过程中，通过电视、网络等多种途径，立足自身资源禀赋，挖掘项目自身优势和特色，打造差异化品牌体系，强化宣传引导。搭建信息交流平台，提供项目招商推介会召开、产业招商信息公开发布、行业动态跟踪以及交易撮合等市场化服务，加大项目推介力度，最大程度吸引各类型农业、文化、教育、旅游、科研等项目实施后期全产业链关联企业落地，保障全域实施成效持续性发挥作用。

第五章　案例篇

　　长期以来，国内外结合经济社会发展需求，积极探索符合当地实际的整治路径，为全域土地综合整治扩面提质提供了良好的经验做法。本章系统梳理了国内外优秀案例以供参考，其中，德国、英国通过土地综合整治，探索经济、社会、生态三方面协调发展，实现了提高土地利用效率等方面的综合效益提升；以浙江为代表的国内省市立足中国式现代化的特征与需求，在全域土地综合整治的制度创新、整治方式、实施路径等方面取得系列成效，为我省构建良田成片、村庄集中、产业集聚、生态优美的土地保护利用新格局提供了示范经验。

5.1 国外土地综合整治经验

5.1.1 德国土地综合整治经验

作为世界上最早开展土地整治的国家之一，德国在城市化进程中特别重视乡村土地整治，将其作为解决乡村发展问题的重要切入点、城乡等值化发展的重要平台。近二三十年，德国已经将土地整理在农用地结构优化上的功能拓展到更多的公共服务功能，包括农业产业结构、自然和环境保护工程、基础设施工程、缩小城乡差距、增加就业、提升教育与医疗服务水平及保护文化等方面。德国以空间规划为基础，开展了土地整理的公私合作以提升治理效率，推动经济、社会、生态三方面的协调发展，对我国以及我省全域土地综合整治具有现实借鉴意义。

1. 以空间规划作为引领

德国的空间规划是德国乡村整治的基本依据，能够有效引导各地因地制宜、科学开展乡村整治。其目标关注的是如何实现人类社会和自然环境之间的协调发展，促进城乡之间的统筹，以及如何进一步提高土地规划分权状态下的土地利用效率。上位规划是综合考虑各种社会、经济、文化、环境等因素，根据地区、企业的战略发展目标，制定一系列长期性、综合性、基础性的规划和政策，为下级规划和政策的制定提供指导和依据。我国当前更紧要的任务是加强国土空间规划的职能来实现空间用途管制，是一种从上向下式的配额规划。

2. 公私合作整治模式

为满足随着农村发展日益增加的更新需求，尤其在城市周边村庄的更新需要考虑农村居民点和城市之间的连接关系，近年来，德国在传统的农用地整理和城市用地整理之间建立起了合作整治的新模式。其具有以下特征：

（1）于法有据，势在必行：《土地整理法》和《联邦建设法典》等法律是德国开展乡村整治的法律基础。一旦依法划定土地整理项目区后，在整理范围内的土地所有者都必须参加此项目。

（2）公私合作，互利共赢：在合作整治模式下，政府发挥引导和组织的作用，即政府搭台；作为土地产权人的农户是土地整理的主要参与者和具体实施者，即农民主体。促成政府与农户、农户与农户之间合作的关键则是公私合作的成本共担、利益共享。

3. 生态指标占补体现生态价值

德国在乡村整治过程中高度重视生态环境的保护工作，以促进农村地区的可持续发展。2002年，德国颁布《国家自然保护法》，要求对任何自然的影响都需要进行补偿，不仅包括对土壤，还有对生物多样性和物种。一般来说，所有的涉及土地利用变化的项目都需要进行环境补偿，实现生态占补平衡。

德国的生态占补平衡关注的是对土地开发造成的生态景观和自然环境负面影响的补偿，而非仅仅是对土地资源的补偿；占补平衡的目标不局限于保护耕地和保障粮食安全的基本层面，还延伸至更高层次和更宽领域，如保护生物多样性、维护生态平衡等。通过实现生态指标占补平衡，将生态价值纳入土地整治价值链条的核心一环，建立多元化和多层次的目标体系以期实现生态价值。

4. 城乡均等发展理念下推动的差异化发展

第二次世界大战后，德国城市重建所带来的经济、社会效益使得城市成为德国人民经济和生活的中心。在农业现代化、机械化的浪潮下，农业人口得到释放，大量农业人口转化为非农业人口，德国乡村人口结构发生巨变，乡村活力受到极大影响。

在此背景下，1954年和1955年，原联邦德国先后颁布了《土地整治法》与《农业法》，推进土地流转集中，加强农业规模化发展，避免土地闲置降低土地利用效率。同时，通过乡村改造与更新计划，逐步完善乡镇的教育系统、医疗系统、生活配套服务系统，以及通过乡村生态景观规划与特色风貌建设加强乡村对人口吸引力。在城乡均等发展理念下不断完善乡村设施、乡村景观、乡村产业等方面的发展，确保乡村能享受与城镇同等的生活条件、交通条件、就业条件，破解城乡二元结构，真正实现城乡均等发展。

5. 启示

德国乡村整治中的空间规划体系、公私合作整理模式以及生态占补机制对我国在开展全域土地综合整治中面临的新形势、新要求，具有重要的借鉴价值。广东省全域土地综合整治要求坚持规划引领和开展农村用地空间治理，以应对村庄布局整体规划缺乏、空间布局散乱化等问题。对此，德国的空间规划体系则提供了基本的改革思路，即以空间规划为载体，积极开展村土地利用规划编制工作，做好全域整治的规划和设计，增强规划的权威性，推动"多规融合"在乡村落地实施；同时，鼓励村集体和村民参与，群策群力，研究确定村庄类别、功能定位、发展方向，顺应自然、尊重历史、突出乡土、体现文化。

全域土地综合整治要求政府搭台、农民主体，防止政府大规模负债，切实维护农民和农村权益。德国土地整理的合作模式恰好回应这一改革诉求。推动地方政府与村集体和村民的分工合作，共同开展全域整治，不仅有助于解决"地从哪里来、钱从哪里筹"的问题，更能突出以人为本的发展理念，让农民共享土地综合整治成果，公平合理分配使用全域土地综合整治工程新增土地指标收益，使农村资源"取之于农、用之于农"。

全域土地综合整治要求坚持系统思想、尊重自然，开展生态环境整治，而德国基于指标交易的生态占补机制正是具体的范例，建立全域土地综合整治的生态占补机制，并系统衡量整治工程导致的土地生态价值变化。一方面，要求整治主体采取措施缓解和弥补生态价值损失；另一方面，如果整治工程改善了农村的生态环境，整治主体也可按照生态价值的增值量获得相应的奖励或者用于补偿其他整治工程可能带来的生态损失。以此来确保特定区域内的生态环境质量不仅不会因开展整治工程而降低，甚至还会有所提升。

德国的乡村整治以空间规划为引领，格局大、定位高，科学合理发挥公权力作用，为开展乡村整治提供基本遵循；以合作整治为载体，力促公私合作，强化资源整合，避免政府大规模负债，兼顾乡村整治的效率与公平；以生态占补为抓手，优化调整林地、水域等生态用地布局，保护水源涵养地、维护生物多样性，切实维护和改善农村的生态环境质量，促进"社会—生态"系统的可持续运转，真正让农民"望得见山，看得见水，记得住乡愁"。这些经验都值得在推进全域土地综合整治工作过程中因地、因时、因势加以吸收借鉴，从而有效助推乡村振兴战略实施。

5.1.2 英国国土综合整治经验

为了解决环境保护和农业发展问题,英国开展了国土综合整治,同时制定了一系列与农地保护有关的环境管理政策,在土壤的生态修复、农地质量整治、土地高效利用、国土生态安全等方面取得了良好成效。

1. 优化农地质量促进农业高质量发展

为了扭转农业衰落的局面,英国通过提升农地生产效率和生态效益并从质量监测、质量评价、质量建设三方面来优化农地质量。

(1)农地质量监测体系综合化,主要从土地组成、土地应对气候变化的调节能力、肥料施用情况等方面形成监测体系,例如监测在化肥、农家肥等外部条件作用下,土壤成分、植被覆盖率、生物多样性等要素的变化,为后续农业振兴和生态保育措施建立基础。

(2)农地质量评价科学化,根据现状种植作物和土壤生产潜力评定,划分七种农地质量等级,反映农业生产价值,为土地利用方式提供指导。

(3)农地质量建设生态化,在农地周边种植绿色植物作为缓冲带,减轻对土壤的侵蚀,丰富田地生物多样性,缓解病虫对作物的危害。利用生态循环耕种模式减少农药和化肥施用,以农田生态建设推动农业高质生产和农地高效利用。

2. 强化生态技术在土地整治中的运用

对于矿产开采地,英国采取了三种生态技术措施。一是保护现有林地和培育新林地来提高土壤的水土保持能力,避免矿山开采过度造成泥石流、山体滑坡等问题。二是采用废弃物回填来避免地面沉降,例如,将煤炭等开发产生的大量废弃物,用于采空区域填充,通过废弃物循环回收的方式有效促进了矿采地治理。三是对废弃矿山进行建筑改造,在土壤加固的基础上,通过将废弃矿山改造为建设工程、住宅、公共设施和矿坑植物园等,有效推进了矿采地土地复垦。

3. 通过生态建设控制土地的开发活动

为减少建设开发对城市与乡村风貌造成的不利影响,英国采取了生态绿化带控制、发展生态农业两项措施。

在城市地区，采取以绿化带控制城镇土地开发的方式。在大伦敦地区建城之初，便设计了宽约10千米的环伦敦城生态绿带，建设70余年，有效防止城市无限制扩张，缓解城郊工业污染对农地的影响，保护了独特优美的自然景观，促进了用地空间的可持续发展。

在乡村地区，采取以生态农业推进农庄土地建设的方式，利用自然农业景观建设田园庄园，不仅提升了粮食产量，还提升了乡村聚落的自然美感，实现了乡村土地在农业、生态、社会等方面的多元价值。英国通过生态景观建设，有效推进了城镇用地与农村用地和谐共进。

4. 数字化治理转型促进城乡服务均等化

英国于2011年成立了乡村政策办公室专门负责乡村政策事务，布局乡村治理基层机构进一步完善乡村治理体系，保障顶层设计能有效实施。2012年，英国提出了《政府数字化战略》，其中提到英国未来将打造成为"数字驱动"政府，乡村数字化治理也成了英国实现"数字驱动"政府的重要发展和建设领域。2017年，英国出台《英国数字化战略》法案、《2014—2020年英国乡村发展项目》等，从国家层面对城乡数字化治理进行统筹规划、统一建设。

通过乡村数字化治理平台搭建与运营，英国为城乡服务均等化发展提供了重要支撑。在乡村政务服务方面，乡村居民享受到了快速、便捷、安全的高质量服务，提升了政府行政服务效率的同时提高了居民生活质量；在乡村教育方面，通过数字化系统，乡村教育实现了远程教育体系化，有助于乡村人口文化素质提升与知识技能培养，缩减了城乡教育资源不均等所带来的教育不公问题；在乡村医疗方面，英国国民享受到了移动远程的医疗服务，加强了乡村居民的医疗保障与医疗服务。

5.2 国内土地综合整治经验

5.2.1 良田成片土地整治项目

1. 浙江省嘉兴市秀洲区王店镇"万亩方"整治项目

（1）项目概况

王店镇"万亩方"整治项目位于嘉兴市秀洲区王店镇，是嘉兴市首个"万亩方"永久基本农田集中连片整治项目。东以乍嘉苏高速—丰顺塘—孙家桥港为界，南至红联村村界，西至长水塘，北邻长水新区城镇开发边界。项目总面积777.3653公顷，总投资约1.44亿元。王店镇"万亩方"项目于2021年12月立项，2022年1月完成招投标程序，2022年12月完成省级验收，并获得2022年度土地综合整治工程省级精品工程。通过实施耕地质量提升、耕地功能恢复、耕地生态建设、整治补充耕地、建设用地复垦等各项工程，整治"非农化、非粮化"土地996亩，实施垦造耕地378.38亩，建设用地复垦350.4亩，可实现连片耕地面积约7070亩，建成总面积约11660.48亩（图5-1）。

图5-1　浙江省嘉兴市秀洲区王店镇"万亩方"整治项目

（2）主要做法与运作模式

①推进现代化建设，打造高效"万亩方"。王店镇探索"嘉禾万亩，智慧之治"，深入实施"藏粮于地、藏粮于技"战略，以"现代田园、生态田园、美丽田园"为整治目标，让每一寸耕地都成为丰收的沃土。项目区主机耕路要满足农业机械、生产物资运输车辆通行需要，功能环线采用沥青透水路面，

两侧种植农田防护林；整治农田按照节水灌溉要求实行排灌分离，灌渠采用低压管道埋设方式；垦造耕地、恢复耕地、建设用地复垦耕地部分采用优质耕作层表土覆盖，零散田块归并，整治后形成的田畈完全满足机械化生产要求。

②促进蓝绿交融，构建生态"万亩方"。工程采用生态化设计手法和建设措施，以生态稻田、护岸、道路等为载体，注入生态优先、绿色发展理念，如稻田尾水"零直排"、生态化排渠、河岸缓冲带、田间道防护林等，坚持田水路林村多要素综合治理。

③实施数字化管理，创新数字"万亩方"。依托嘉兴王店镇永久基本农田整治工程以及数字化展馆建设"数字万亩方平台"，利用云计算、物联网等技术，融合农田建设管护需求，以1个核心（基于环境感知与作物生长模型的科学农事指导）、3个建设目标（强化农田生产管理、健全农田质量监测体系、创新农业文旅互动体验）、N个应用场景的"1+3+N"为总体框架，打造高标准农田数字化管控平台（图5-2）。系统包含田块管理、农事管理、万亩方一张图、农资管理、建设管理、作物知识库、监测告警、粮食溯源等多个智慧农业应用场景功能模块，以数字化管理赋能乡村振兴。

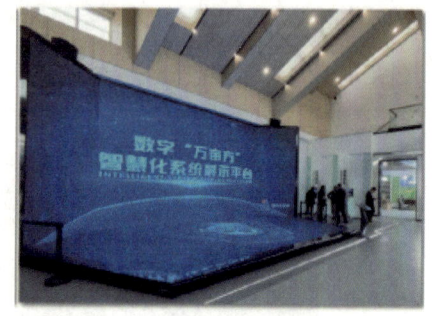

图5-2 "万亩方"数字化展厅

④加强产业协作，搭建共富"万亩方"。借助王店镇"万亩方"工程，优化提升红联村乡村休闲旅游，形成以永久基本农田为核心，以绿色畜牧业、循环农业、乡村文旅为特色的"1+3"产业格局，拓展红联村稻米品牌、乳制品、万亩方农业沉浸式体验等产业链延伸，讲好产地故事，传递共富理念，最终实现农田集中连片、农房集聚集约、农户得利获益、农业经济壮大。首先要解决好乡村振兴"地从哪里来、钱从哪里筹、人往哪里去"等问题，土地要素是关键，搞好土地整治，做好规划、拓展空间，才能为经济发展搭建平台，进而推动实现共同富裕。以"万亩方"项目为例，该项目可推动红联村农业经济产值增长1亿元，村级集体经常性收入达到450万元，农民人均纯收入达到5万元。其次王店镇以东兴奶牛场为试点，创设"共富奶牛棚"，

让低收入家庭参与奶牛饲养，同时以资金入股、银保护航、定期分红的方式，让低收入家庭的钱袋子尽快"鼓起来"、村集体经济尽快"强起来"。最后，王店镇将美丽乡村建设和村庄整治结合起来，让农民在家门口就可以享受到土地整治的红利。另外，实现公共服务和资源配置共享，打造社区服务综合体和乡村服务综合体，形成共建共治共享模式。

（3）经验与启示

良田成片土地整治项目是以高效现代农业发展为目标，结合市场发展需求，通过耕地集中连片和土地流转，建设规模化大区、精细化种植小区和农业信息化系统，发展现代农业产业体系，提高农业生产效率，保障粮食安全，推动农业种植结构调整。

王店镇"万亩方"整治项目通过实施耕地质量提升、耕地功能恢复、耕地生态建设、整治补充耕地、建设用地复垦等各项工程，促进农田成片整治及高效现代农业发展。

第一，以现代化、高标准、高质量的建设要求进行农用地整治，形成满足机械化生产要求的高标准农田，为发展现代化农业奠定物质空间基础，并促进现代化农业效率提升。

第二，以绿色生态化整治手段进行农用地整治，关注稻田、护岸、道路等农业空间的生态化设计，实现田水路林村多要素综合治理。

第三，以数字化技术协助管理农用地整治，运用云计算、物联网等数字化技术赋能农用地整治的监测与管控。

第四，依托农用地整理搭建产业协作平台，拓展产业链条，创新产业协作方式，实现共建共治共享。

2. 浙江省绍兴市越城区东湖街道高平、仁渎村"千亩方"永久基本农田连片整治项目

（1）项目概况

项目主要涉及2个行政村，总面积为112.6252公顷（1689.38亩），其中住宅用地复垦24.7398公顷，工业用地复垦0.6893公顷，旱地改水田2.0062公顷，功能恢复1.6425公顷。项目的建设内容涵盖了碎片化田块归并、建设

用地复垦、垦造耕地、耕地功能恢复、灌排生态化与智慧化建设、道路生态化建设、农田景观提升工程、河道生态修复、农事服务中心建设、雾耕农业工程等多个方面。

按照"打造典范、争走前列、示范领先"的要求，项目对乡村生产、生活、生态空间进行全域布局优化，对"田水路林村厂"等全要素进行综合整治，全力打造服务体系更健全、资源转化更有效、乡村风貌更美丽、产业发展更兴旺、低碳引领、智慧化的全省土地综合整治示范新样板工程（图5-3）。

图5-3 "低碳引领、智慧+"项目效果图

（2）主要做法与运作模式

①多举措推进耕地保护。以全域土地综合整治为抓手，扎实推进土地保护，用足用好城乡建设用地复垦，有效盘活农村建设用地资源。通过碎片化田块归并、建设用地复垦、垦造耕地等方式促进耕地连片，并进一步对复垦地块及现有土地进行高标准农田建设，提升耕地功能。项目按照高标准农田建设要求进行土地综合治理，包括土地平整工程、智能节水灌溉工程、田间生产道路工程等（图5-4）。

②结合生态保护修复提升环境面貌。以全域土地综合整治为契机，统筹推进美丽田园、美丽河塘、美丽林草，打造智慧、生态、低碳精品区块，形成"一河一道景、一田一幅画、一域一风光"全域大美格局。把全域土地综合整治与生态保护有机结合，践行生态优先战略。划定生态保护红线，严守生态底线，严格执行《浙江省土地整治条例》规定，严禁在省定"十个范围"垦造耕地，严控涉林垦造耕地，促进生态文明建设。

图 5-4　河道生态修复工程

③智慧化基础设施配套助力现代农业生产。通过对整治区内"田水路林村厂"综合整治，设计"农田尾水零排放—尾水循环利用系统"、生物排水沟、农田智慧灌溉系统和物联网农田管理、生态生产路、农田缓冲带系统、河道岸坡缓冲系统的修复等，形成"田成方、路成网、林成行、渠相通"的现代化、生态化、低碳化、智慧化精品农园。依托全域土地综合整治项目，优化产业空间布局，打造产业发展平台特色新农业，引进省乡投集团后期运营管理，不断提高产业供给体系的整体质量和效率（图5-5）。

图 5-5　农田智慧灌溉系统和物联网农田管理

(3) 经验与启示

绍兴市越城区东湖街道高平、仁渎村千亩方永久基本农田连片整治项目作为良田成片土地整治项目，其经验借鉴及启示包括以下三点：

第一，项目统筹规划、综合整治。按照"全域规划、全域设计、全域整治"的要求，科学划定整治区域，突出重点区块、重点线路、重点项目，分年度、分步骤、分片区统筹推进农用地、建设用地和耕地功能恢复区全面整治，系统改善整体环境。

第二，通过创新理论结合实际，促进土地功能提升。在全域整治总体设计中根据生态景观原理，加强生态景观建设理论在项目总体规划布局中的应用，大力提升土地在食物和能源生产、景观塑造、生物多样性保护、水土安全和休闲游憩等方面的多功能性（图5-6）。

图 5-6　多功能特色新农业建设

第三，通过创新工程设计，提高工程的直接功效，同时大力提升生态景观间接服务功能。工程设计重点要开展生物生境修复、土壤改良、生态系统重建，按照生态性、乡土性、美学性、人性化原则，运用生态设计、乡村景观设计、可持续性景观设计手法，构建生态景观化的工程体系，提高生态服务功能和景观价值。

5.2.2 产业集聚土地整治项目

1. 江苏省苏州市相城区黄桥街道全域土地综合整治项目

（1）项目概况

黄桥街道位于富庶的苏南地区，东连相城中心城区元和街道，南依姑苏区，西濒苏州高新区，北接苏州高铁新城，区位优势明显。黄桥街道用地面积为23.15平方千米。2019年，黄桥街道在全市率先探索全域土地综合整治，2020年入选自然资源部试点。2023年2月，黄桥街道全域土地综合整治试点方案，在全国446个试点乡镇（街道）中首个通过省级审查、首个通过自然资源部备案。通过三年多以来对土地的全域全要素整治，以及对生产、生活、生态空间布局的持续优化，黄桥街道农业用地逐步实现集中连片，新增耕地面积达到205亩；原本零散分布的6000亩工业用地，整合成3500亩集中布局的纯产业用地。

（2）主要做法与运作模式

①先行先试，整合低效碎片化工业用地。充分利用雄厚的经济产业基础优势，在产业用地保护更新方面，相城区通过对工业用地的调查研究及集约节约化利用，创新提出"盘二优二""退二进三""退二还一"三类更新模式，对6000亩现状工业用地进行整体更新和空间优化。通过三类更新模式，分散的村级工业园区实现集中布局。例如：首期由"黄桥电镀园"改造而成的9栋标准厂房启用仅花费两个月，重点引入智能装备、新能源、半导体等创新型产业项目，吸引74家企业入驻，年纳税额由改造前的不足千万元增长至1亿元；黄桥总部经济科创园税收总额连续两年超6000万元；黄桥智能产业国际研发社区将原先"老、旧、散、小"产业用地整合为先进产业集聚区。

同时，黄桥街道还对大庄、胡湾、生田村等7个行政村编制实用性村庄规划，对生产生活生态空间进行全域优化布局。以张庄村为例，该村累计腾退低效工业用地840亩，黄蠡路南侧原工业集中区规划为生活和公共服务区，通过实施"退二进三"，实现生活区集中连片；黄蠡路北侧区域规划为农林用地和绿地，原工业用地空间腾挪至产业集聚区内，为重点产业项目落地提供保障；原零星散落的小村庄进行搬迁，腾出的土地作为新增耕地主要来源，实现耕地集聚连片。

②集约节约，实现土地资源效益最大化。在试点过程中，根据新的产业用地规划，黄桥街道规划 1 平方千米集聚产业用地，预留 1 平方千米产业用地，通过"异地置换"的方式保障产业用地需求，通过提容增效的方式提高土地利用效率，其中 0.4 平方千米的产业用地的平均容积率由之前的不足 0.5 提升至 2.5。同时，黄桥街道瞄准"创新研发 + 智能制造"的产业发展模式，构建以电子信息、装备制造、生物医药、工业设计为方向的"2+4"现代产业链。面向产业链，黄桥街道规划建设"1+7"产业承载区，即以打造黄桥智能产业国际研发社区为核心，重点建设黄桥总部经济科创园、黄桥未来工场、苏州智能制造服务产业园、黄桥智汇商务街区、复星（黄桥）数字经济产业园、三角咀工业创意园、相城（黄桥）生物制造产业园 7 大载体空间，筑起现代精致新城。

黄桥街道高起点确立亩均税收、产值能耗等供地标准，实施产业用地全链条高效管理，严把项目准入关，将入驻企业的亩均工业用地税收从 10 万元增加至 100 万元。2022 年，黄桥街道已先后引进复星（黄桥）数字经济产业园、上交大黄桥新材料联合研究中心等重大项目，投资总额超过 100 亿元。至 2022 年 6 月，黄桥街道高新技术企业达 71 家，高新技术产业产值占规上工业总产值的比重达 86%。

③探索"土地整治+"，打造更高品质城市空间。在南有虎丘湿地、北有荷塘月色湿地、西有西塘河取水口的基础上，相城区把西塘河沿线打造成为贯通南北湿地的绿色走廊，构筑一个围绕东部城镇集中建设区的 C 形生态保育区，总体呈现"以产业研发片区为中心，南北湿地、西园东城"的空间布局。生态保护面积达 328 万平方米，新增面积占 22.6%。对全域实施农用地整治，黄桥街道大力提高耕地集中连片度。2018 年，黄桥耕地达 285 块，平均面积 10.5 亩，超过半数的地块不足 5 亩。经过整治，农业用地逐步实现集中连片，新增耕地面积达 205 亩。

土地整治与产业发展齐头并进。占地面积约 500 亩、位于黄桥街道占上村的青苔国际工业设计村项目，将建设以"国际工业设计"为核心，立足多元合作、国际合作，着眼工业设计，坚持以村为名的设计产业综合体，致力打造一个三区交界、三面环水的世外桃源，规划一个接轨国际、功能交错的城市园林，布局一个门类齐全、创意无限的设计产业，建设一个文旅融合、配套齐全的特色空间，着力打造苏州的工业设计新高地、文旅消费新地标和城市生活新范本。保护好绿水青山和田园风光，留住独特的乡土味道和水乡风貌，通过"土地整治+生态建设""土地整治+产业发展"等模式创新，打造更高品质的城市生活空间、生态空间、人文空间。

（3）经验与启示

产业集聚土地整治项目是以提高土地利用效率和产业集聚水平为引领，通过科学规划授权地块开发权利，通过土地流转实现低效用地腾挪和闲置用地盘活，有效推动建设用地空间布局优化，提升建设用地市场化配置效率，提高单位土地产出率。

具体来说，以盘活闲置用地、优化用地结构布局为目标，推动废弃宅基地、零碎且分散的村级工业园、废弃工矿用地等低效建设用地腾退工作，为相关产业的发展提供空间，保障城乡提质发展所需的用地指标；统筹推进产业升级改造、"三旧"改造等城市更新项目，最大程度释放存量建设用地资源潜力，推进建设用地集约高效利用。

江苏省苏州市相城区黄桥街道全域土地综合整治项目作为产业集聚土地整治项目，其经验借鉴及启示包括以下三点：

第一，通过"腾笼换鸟"促进工业税收增长。通过"盘二优二""退二进三""退二还一"等创新更新模式，将辖区内"散乱污"园区和企业清退，进行产业园区环境提升，并重点引入创新产业项目。

第二，通过"工业上楼"助推工业亩产。通过积极推进"工业上楼"，鼓励电子信息、生物医药、智能装备制造、节能环保等轻工业上楼，并为其创造便捷齐备的物流设施，极大增加了实际提供的工业用地面积，实现工业亩产大幅提升。

第三，通过"三置换"保障百姓利益。通过土地平整与土地修复，完善灌溉与排水设施、田间道路与农田防护，提高耕地质量等措施，显著提高农业生产效率。同时通过城乡建设用地增减挂钩复垦，将对一部分工业用地、宅基地复垦，形成高质量耕地，并与周边耕地衔接形成集中连片的耕地。

2. 浙江省湖州市安吉县孝丰镇竹根前村全域土地综合整治项目

（1）项目概况

竹根前村位于孝丰镇北部，由原竹根村和原前村村合并而成，村域面积近 10 平方千米，辖村民小组 15 个，农户 710 户，户籍人口 2350。近年来，竹根前村以全域土地综合整治为抓手，立足打造宜耕、宜居、宜游生态休闲村，加强村庄治理，持续发力。2020 年发布的《浙江省全域土地综合整治试点乡镇清单》中，竹根前村全域土地综合整治试点成为全县唯一成功入选项目。项目实现 5 个自然村整体搬迁，分批安置 500 多户，村委统一流转土地 3000 余亩；统筹发展休闲农旅、精品民宿、水上项目，引进投资近 5000 万元的民宿，2013—2022 年，村里的集体经营性收入从 9 万元增长到 211 万元（图 5-7）。

图 5-7 浙江省湖州市安吉县孝丰镇竹根前村安置区建设

（2）主要做法与运作模式

①盘活资源，强化发展动能。项目抢抓申嘉湖高速西延项目建设契机，充分发挥交通区域优势，储备土地及山林 4000 余亩，积极引入工商资本，进一步夯实休闲项目基础。

结合全域土地整治，拆除了一批不合规划的农房和企业，并利用新增土地面积在安置区建设了 30 余间出租商业楼，每年村集体经济收入增加 30 余万元。依托国家竹产业示范园区，加快建设一批精品公寓房及老年公寓用房，集聚更多人才和人气，预计每年村集体经济收入可增加 60 余万元。

②提升生态，优化村庄环境。统筹推进村域生产、生活、生态空间布局，加大对自然生态系统的恢复和保护力度，积极打造 160 亩的生活生产集聚区。制定、落实全域土地整治项目环境保护管理制度与措施，建立环保工作各级岗位责任制，全力做好环保宣传、植被防护和废弃物处理。投入 800 万元建造一座观光门楼，一条 700 余米的景观大堤（图 5-8）和两个可供游玩的亲水平台，为下一步水上娱乐项目合作打好基础，全力打造民宿、会展、培训等产业业态，发展生态型产业，持续激活增收致富新动能。

图 5-8　浙江省湖州市安吉县孝丰镇竹根前村河道整治

（3）经验与启示

浙江省湖州市安吉县孝丰镇竹根前村全域土地综合整治项目作为产业集聚土地整治项目，其经验借鉴及启示包括以下两点：

第一，强化系统集成，"产""文"融合促共富。充分发挥"土地整治+"效应，挖掘乡村土地价值，通过全面推进共富工坊、共富产业园、共享公寓、五彩共富路等工程建设，为共富筑起产业支柱。

第二，推动"多田合一"及农旅高质量发展。引入智慧农业、创意农业、农事体验、科学素养教育等新型业态，贯通产供加销，融合农文教旅，打造共同富裕田园综合体，实现从美丽资源向美丽产业转化。

5.2.3 村庄集中土地整治项目

1. 浙江省嘉兴市桐乡市濮院镇新河村等村全域土地综合整治项目

（1）项目概况

桐乡市濮院镇新河村等村全域土地综合整治与生态修复工程，涉及濮院镇新河、永越、永乐 3 个行政村，区域总面积 21656 亩，总投资 1.09 亿元。项目运用"三治融合"[1]模式，坚持"党建引领、支部带领"，广泛听取村民组长和群众意见，按照"田水路林村"系统治理开展全域全要素整治，依托濮院毛衫市场，通过盘活存量建设用地和低效利用再开发落实民生工程，壮大村级集体经济和促进农民增收。

（2）主要做法与运作模式

①全域全要素整治，打造千亩良田。项目区完成搬迁农户 335 户，腾退"低小散"企业 4 家、砂石码头 1 个，建设用地复垦总面积达 787 亩，户均

---

[1] "三治融合"指的是基层社会治理体系中的自治、法治、德治融合。党的十九大报告在提出"实施乡村振兴战略"时强调，加强农村基层基础工作，健全自治、法治、德治相结合的乡村治理体系。

建设用地从 0.97 亩降低至 0.56 亩，进一步提高了农村建设用地节约集约利用水平；完成 1485 亩高标准农田建设、211 亩耕地垦造、422 亩耕地质量提升等工程，推进 1300 多亩"非农化""非粮化"整治，大大提高耕地连片度，集中连片耕地 100 亩以上数量 11 块，耕地块数由 1012 块减少到 377 块，新增永久基本农田储备库面积 488 亩，建成了 2025 亩"千亩方永久基本农田集中连片整治示范区"（图 5-9）。新河村通过全域土地综合整治与生态修复，搬迁 335 户农户，依托毗邻羊毛衫市场的区位优势，享受到了房屋租赁市场红利。搬入新居的 335 户农户全年租金收入超过 4000 万元，户均年收入增加了 10 多万元，进一步缩小城乡居民收入差距。

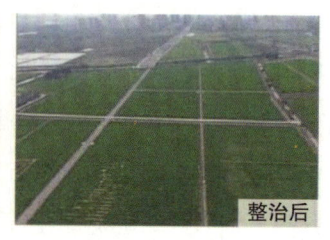

图 5-9　农地整治前后对比

②注重生态治理，留住农耕乡愁。项目实施注重生态优先、保护与修复并举，探索了一系列生态化治理模式。"千亩方永久基本农田集中连片整治示范区"内的主排渠全部采用生态渠，共新建生态排渠 1.9 千米；田块间支排渠采用每 40 米 U 形渠配 1 个"两栖通道"标准，共配建 389 个"两栖通道"（图 5-10）；建设新型高效节水灌溉 11.6 千米，新筑生态鱼巢护岸 16 千米；在 180 余棵大树古树资源被列为保护对象的同时，新植或补植农田林网 9.7 千米，共种植香樟、榉树、乌桕等珍贵乡土树种 6500 余株（图 5-11）；对典型的农耕地貌和江南民居进行保护和修复，并存放当地农家传统的农耕器具，既保护了农耕文化，也为人们留住了乡愁（图 5-12）。

图 5-10　沟渠整治前后对比

图 5-11 生态治理后的村景

图 5-12 民居修复前后对比

（3）经验与启示

村庄集中土地整治项目是以和美乡村建设为引领，部署乡村生态治理、农房风貌提升、历史建筑活化、传统聚落保护等项目任务，提升乡村自然资源利用水平，优化土地利用布局，保护历史文化聚落，提升乡村自然与历史人文资源价值。促进城乡一体化发展，综合部署"三旧"改造和居民点更新改造、基础设施与服务设施均等化建设、城乡土地综合整治与流转等项目，优化城乡用地布局、提升人居环境质量，促进城乡要素有效流动。

新河村等村全域土地综合整治项目作为村庄集中土地整治项目，其经验借鉴及启示包括以下两点：

第一，通过项目的全域全要素整治，进一步提升农村土地节约集约利用水平和耕地质量，以综合整治带动农村发展，增加农房租赁市场红利，实现村民增收。

第二，注重生态保护与修复，强调乡村文化保护。对古树等自然生态资源进行保护，注重生态排渠、农田林网等生态化建设；对江南民居及典型农耕地貌等具有乡村特色的现状资源进行保护与修复，通过对特色文化空间载体的保护复原与活化，传承文化、留住乡愁。

2. 浙江省嘉兴市秀洲区新塍镇全域土地综合整治项目

（1）项目概况

新塍镇位于嘉兴市秀洲区西北部，全镇面积133.17平方千米，是嘉兴市面积最大的乡镇。新塍镇是典型的江南水乡、鱼米之乡，有着"浙北粮仓"的美誉，先后荣获国家园林城镇、国家生态镇、国家卫生镇、全国社区治理和服务创新实验区、国家级农业产业强镇等称号。自2018年以来，新塍镇以土地综合整治为抓手，一体推进耕地保护、空间优化、城乡融合，通过土地综合整治，不仅加强耕地保护和土地集约，还不断优化城乡空间配置，盘活全区发展空间。2021年，新塍镇富园村全域土地综合整治与生态修复工程获选省级精品工程，获得资金奖励500万元，2022年，新塍镇等2镇（街道）全域土地综合整治项目被列入浙江省首批33个跨乡镇全域土地试点项目（图5-13）。

图5-13 项目改造效果图

（2）主要做法与运作模式

①"小田"变"大田"，全力开展高标准农田建设。开展高标准农田建设是提高农业综合生产能力、保障粮食安全的必然要求。因此，近年来，新塍镇通过全域土地综合整治，结合"非粮化"整治、建设用地复垦、高标准农田建设等农用地整治工程，进一步提升耕地集中连片程度，优化了农村路网、河网，土地利用结构由过去的碎片化转变为当前的规模化，建成高标准农田10.59万亩。仅2022年，新塍镇粮食复种面积总计12.54万亩，粮食总产量为1.21亿斤，连续两年突破亿斤。原区域内的田、水、路、林都建成了高标准农田，"好田景"带来"好钱景"，用好高标准农田，提升土地产出的能级，促进农民增收。2022年，火炬村集体经济收入1157万元，经营性收入502万

元。天福村"万亩方"高标准农田，采用全封闭型农田退水"零直排"模式，因地制宜地推进生态渠、生态路、生态田的建设，区内水系连通，河道两侧种植水生植物，形成了有利的生态缓冲区，部分的河浜口设置溢流堰，在断头浜处新建灌溉泵站，形成高效的水循环利用模式。模式实施后，预计亩均可节约劳动力成本约45元，节水70%以上，氮肥使用减少50%，入河的氮磷减少95%以上（图5-14）。

图5-14 "万亩方"实景

②实施增减挂钩，首创进城农民等级备案制度。农户"上楼"后，户口仍保留在原农村户籍地，原有的权益不受影响，同步享受居住地就业、教育、医疗、养老社会保障等社区公共服务，真正实现了"无感进城"。20年前火炬村村民分散居住，以种田养蚕为主。通过全域土地综合整治，火炬村率先成立了社区，建设以搬迁农民为主体、城镇居民、新居民共参与的城乡融合社区。2003年起，火炬村多个村民小组陆续征地拆迁，村民们分批住进了高桥花园、陡门花苑等小区，过起了城里人的生活。随着98.6%的农户自愿退出宅基地，农民的"农房"置换成了"公寓房"，户均拥有安置房3套，面积近300平方米，每户每年增加房租收益超4万元。2022年6月30日，火炬社区成立，在原火炬村行政基础上，打造城乡融合型社区。

（3）经验与启示

浙江省嘉兴市秀洲区新塍镇全域土地综合整治项目作为村庄集中土地整治项目，其经验借鉴及启示包括以下两点：

第一，全力开展建设高标准农田，结合"非粮化"整治、建设用地复垦、高标准农田建设等农用地整治工程，促进耕地集中连片，为发展规模化现代农业生产奠定基础。

第二，首创进城农民等级备案制度，通过全域土综合整治助力"上楼"农户成立城乡融合型社区，同等享有各类社区公共服务。通过征地拆迁和置换安置，农户实现房租增收，促进城乡融合。

5.2.4 生态优美土地整治项目

1. 浙江省湖州市德清县洛舍镇东衡村矿区土地复垦项目

（1）项目概况

浙江省湖州市德清县历来矿业兴盛，全县矿地面积达4.57万亩。近年来，随着生态文明建设大力推进，全县大部分小型矿区陆续关闭，导致产生大量闲置的废弃矿地。德清县洛社镇东衡村露天矿坑深度有50多米，生态环境问题突出。露天矿复垦项目通过采用"削峰填谷"和地铁废渣土填充矿坑，并采用表土剥离循环利用的方法，将河道淤泥用于培肥，从而改良土壤和提升肥力，最终垦造为水田，现已流转给当地的种植大户。浙江省湖州市德清县洛社镇东衡村历史遗留矿区垦造水田项目的顺利实施，不仅有效落实"占水田补水田"的政策，也有利于区域资源有效配置。

（2）主要做法与运作模式

①制定科学合理的实施方案。德清县东部为水网平原，灌溉水源丰富，具备良好的垦造水田条件。为在废弃矿地上垦造出优质水田，项目制定科学的复垦方案，严格实施三道工序即"削峰填谷"土地平整、表土剥离循环利用和"移土培肥"提升土壤肥力。

②节约复垦成本。为节省复垦资金，东衡村矿区垦造水田项目在表土运输中，采用一车表土"来"、一车宕渣"走"的方法，即将剥离的表土运输到矿区后，再运一车矿地上的宕渣到表土剥离处以平整场地，争取做到不跑空车。据测算，可至少节省垦造成本1.5万元/亩。

③严格把控环境质量。东衡村废弃矿区垦造水田项目对矿坑的填充物（杭州市修建地铁的废弃渣土和当地市政河道淤泥）及垦造后的水田土壤进行了多种元素的化学检测报告显示，洛舍镇东衡村矿区垦造水田项目土壤样品的相关指标均符合国家标准。

④创新矿山复垦资金保障。东衡村矿坑复垦为水田项目规模1700余亩，

项目充分利用当地现有资源条件,创新资金筹措途径,为矿山复垦提供了强有力的资金保障。具体体现在以下四个方面:第一,在接收杭州市修建地铁的废弃渣土方面,能得到一定的资金补偿(5元/立方米)。据统计,该项目共接收地铁废弃渣土2000余万立方米,可收回资金1亿多元。第二,市政河道淤泥的利用,可有效节省购买耕作层土壤的费用。按耕作层土壤100元/立方米的标准计算,每亩可节省1.3元,项目共节省2000余万元。第三,填平后的矿坑开发为耕地,又产生了增减挂钩指标。第四,复垦后的土地垦造水田还能得到德清县提供的复垦补贴(5万元/亩),又通过土地流转的方式(300～500元/亩)移交给种植大户。

(3) 经验与启示

生态优美土地整治项目以生态保护为核心,统筹实施资源开发与土地综合整治、历史遗留矿山生态修复、环境综合治理等任务,保护自然生境和生物群落,提升自然与人居环境质量。浙江省湖州市德清县洛舍镇东衡村矿区土地复垦项目作为生态优美土地整治项目,其经验借鉴及启示包括以下三点:

第一,政策引导、社会参与、村民积极配合。项目充分调动社会各界资源和鼓励社会参与,保障了矿区垦造水田相关工作的顺利实施。为确保水田垦造的质量,东衡村特推选出经验丰富的村民代表,负责项目的现场监督。

第二,因地制宜,充分利用各类资源。通过"削峰填谷",即将小山包上的石料、宕渣及杭州市修建地铁的废弃渣土填入矿坑,再进行地块平整。在耕地肥力提升上,项目充分利用剥离的耕作层土壤,又充分利用当地水网密布、河泥肥沃的优势,结合"五水共治"[1]项目,用泵机将河泥及市政河道的淤泥转移到就近的水田垦造项目区,解决了河泥的安置和资源化利用问题。

第三,政策激励,创新资金筹措方式。通过接收杭州市修建地铁的废弃渣土、市政河道淤泥利用、产生增减挂钩指标及政府复垦补贴等多元创新资金筹措方式,利用政策利好促进项目实施。

---

[1] "五水共治"是浙江省委十三届四次全会提出的,是以治污水、防洪水、排涝水、保供水、抓节水为突破口倒逼转型升级,是推进浙江省新一轮改革发展的关键之策。

2. 浙江省金华市婺城区长山乡全域土地综合整治与生态修复项目

（1）项目概况

浙江省金华市婺城区长山乡全域土地综合整治与生态修复项目，地处婺城区的长山乡、琅琊镇境内。项目区总面积6690亩，新垦造水田3331.09亩，工程总投资70323.00万元。

从产业结构上来看，长山乡现状以种植业、养殖业为主，部分乡村农业发展基础较好，但尚未形成规模化产业体系，也未形成完整的产业链，经济效益一般；从城乡发展空间来看，长山乡伴随着城镇化的不断推进，乡村劳动力外流严重，务农人口比例不断下降，乡村可持续发展动力严重不足，城乡差距逐步拉大，城乡矛盾愈发突出。

项目以全域土地综合整治与生态修复为抓手，统筹项目区内的产业用地资源，整合乡村用地布局，修复生态环境，优化乡村"三生"空间，以项目区广袤的山体林地为主要资源，调整建设用地布局，建设滨水康养度假区域；以项目区周边乡村为依托，提供具有地域特色的乡村文旅服务，构建产业融合发展新路径，引导产业集聚发展，尽可能把产业链留在乡村，让村民能就地就业增收，重构乡村产业发展模式（图5-15）。

图5-15 浙江省金华区婺城区长山乡规划效果图

（2）主要做法与运作模式

①创新产业业态，融入区域产业格局。项目区充分利用城市近郊区位优

势,以美丽乡村为载体,以项目区田园、林地、水域为依托,营造出宜人的田园风光和乡村风貌,推动传统产业的提档升级,提高农业生产效率,提升农业的附加值,培育了一批新型农业经营主体,逐步形成了以家庭承包经营为基础,专业大户、家庭农场、农业产业化龙头企业为骨干,其他组织形式为补充的新型农业经营体系。

通过全域土地整治,实现农业的规模化种植,引领传统农民向现代农民转变;发挥互联网的作用,从传统销售到网上直销模式;延伸水稻产业链,发展精深加工业,如米酒、米糕等;保护乡村地域特色,培育乡村特色产品,将周边乡村名人文化、孝廉文化加以保护和利用,完善乡村公共服务设施;融入区域旅游大格局,通过提高区域生态环境品质,作为乡村精品旅游线路的重要节点。

②整合空间布局,完善配套设施建设。严守生态底线、维护生态格局、做好生态安全,落实生态保护红线的刚性管控要求,充分挖掘项目区存量建设用地。对于整治出的建设用地,预留30亩用作产业发展;新增耕地面积3331.09亩,缓解用地供需矛盾,提高乡村的土地资源配置效率。强化项目区公共服务体系的供给,构建圈层共享的公共服务体系,以合理的服务半径为基础配置公共服务设施,形成以网络化的公共服务设施为核心的复合单元,实现设施共享,村村联动互补形成区域公共服务的自给,具有一个公共服务较为完善的中心聚集点,承担组织生产生活服务的区域职能,为项目区生活、旅游等提供较为便捷的服务体系;构建互联互通的道路交通体系,增强各个功能区块的交通联系,提升交通基础设施供给水平。构建安全高效的基础设施体系,强化污水处理,推广清洁能源,制定环卫机制等完善基础设施体系,提升项目区的整体发展质量。

③重塑乡村景观,促进生态价值转化。项目区的乡村景观集中体现在村庄与所处田园环境的整体格局之中,建筑与水网、沟渠、道路、农田的布局关系是风貌的空间载体。项目区还原江南水乡生活,丰富田园农业景观,打造诗意栖居的生活家园,保护湖荡湿地,打造鸟类迁徙的自然天堂。对于农田景观,采取因循地势、化田为景的策略,农田布置顺应山体、水脉、道路,

减少土方开挖,适宜做条田的整治为条田,适合做梯田的整治为梯田,同时对现状农田肌理进行最大限度的保留,减少工程投入;对于河渠水面,采用尊重肌理、延续走向的策略,优化水域周边水景观,采用生态驳岸设计,最大限度地保留河网水系的亲水性;对于林地景观,采取调整结构、适度优化的策略,重点对植物结构欠佳的区域,补种各层次植物,打造错落有致、高低相间、层次丰富的景观林地;对于村庄景观,采用突出特色、提升公共服务的策略;对于具有文化积淀的部分乡村,通过建筑外立面、庭院空间、公共活动空间等体现地域特色,同时补齐村庄文化活动空间、休闲娱乐空间等公共服务短板,营造具有浓郁乡愁的村庄景观(图5-16)。

图 5-16 设施农用效果图

(3)经验与启示

浙江省金华市婺城区长山乡全域土地综合整治与生态修复项目作为生态优美土地整治项目,其经验借鉴及启示包括以下三点:

第一,依托区位优势,创新产业业态。项目依托城市近郊区位优势,推动三次产业融合发展,围绕做优农业,做强加工业,做大旅游业的发展战略,提出"规模化、精品化、优质化"的产业发展策略,走出了一条"卖农产品—卖体验—卖生活"的乡村振兴之路。

第二,强化基础设施建设与配套公服供给。通过网络化的公共服务设施供给,建设互联互通的道路交通,促进公共服务在区域层面上实现设施圈层共享。同时完善基础设施建设，提升基础设施服务质量。

第三，生态保护与景观塑造相结合。以生产、生活、生态的和谐发展为理念，以农业和旅游业的共融互动为目标，通过生态化保护工程，重点推进塑造建筑、水网、沟渠、道路等方面的乡村景观（图5-17）。

图 5-17　梯田效果图

5.2.5　综合类土地整治项目

1. 山东省潍坊市青州市何官镇南张楼村全域土地综合整治项目

（1）项目概况

中德山东青州南张楼村"土地整理和村庄革新"是中国土地整治领域首个国际合作项目。在山东省与德国巴伐利亚州确立友好省州关系的背景下，1988年德国汉斯·赛德尔基金会与南张楼村签订"中德土地整理与村庄发展"项目合作意见书，1990年开始正式实施。项目的主要内容是通过村庄规划、土地整理、基础设施建设和生态建设，以改善农村的生产条件、生活条件和环境条件，促进农村发展。

1990年经德方专家和南张楼村"两委"的详细考察、论证，全体村民代表大会通过以后，确定了南张楼村的整体远景规划。之后，南张楼村对全村的可耕地进行了整理，削高填洼，整平划方，统一埋设界桩，对村内的荒湾、河道、废弃窑场和沙厂进行了复垦改造，新增可耕地150多亩。同时大力加强农田水利建设，实现农田水、电、路的标准化、一体化配置。

（2）主要做法与运作模式

①通过农地整理改善生产条件。项目根据规划分步骤实施，撤并23个生

产小队，打破小队之间的地块分界，实行统一管理，对全村 420.6 公顷的耕地进行了整平，削高填洼，去掉原来的土渠和田间小路，统一整理成长 350 米、宽 300 米的标准大田 54 块，使土地成方成片，统一埋设界桩，使每户分散的地块调整为一块地，使其便于机械化耕种，提高了土地利用率；完善农业基础设施，对所有的田间道路进行硬化，加强农田水利工程建设，新打机井 87 眼，铺设地下输电线路 10 万米，推广应用节水灌溉技术，埋设地下管道和喷灌设施，埋设地下节水管道 5 万多米，每个机井都安装了遥控装置，实现了现代化灌溉，提高节约用水率；在村东、村南栽植了全长 10 千米的防风生态林带，田间植树达到 3.2 万株，有效改善了生态环境。

②通过村庄规划和乡村建设改善生活条件。根据村庄规划，调整各功能布局，在农田外规划为 4 个功能区：工业区、商业区、文化教育区和居住区，并对各功能区的基础设施进行配套和完善，对村内大街小巷进行了硬化，并埋设了排水管线，建设了村庄污水处理厂和沼气站，对村东的窑湾进行整治，种植花草树木，建成村民休闲中心。通过农村建设用地整治，盘活农村闲置、低效用地，实现了用地节约、布局优化和要素集聚，提高了土地利用效率。

③通过产业结构调整促进农村经济发展。结合本村地处平原、土地肥沃的特点，积极引导村民进行农村产业结构调整，发展冬暖式大棚种植反季节蔬菜，引导农民科学种田，发展现代农业，增加农民收入；同时积极引进资金和技术，大力发展村办企业，鼓励村民投资办企业，全村先后发展起了石油机械加工、纺织印染、再生塑料回收等 20 多家企业，全村有一半以上的劳动力成为亦工亦农的"两栖"农民。2005 年全村人均年收入为 5030 元，2017 年为 22350 元，2020 年达到 32000 元。

④完善公益设施和引进双元制教育不断提高村民文化素质。建成村民文化中心，达到每户一个座位，定时播放电影，组织了村民乐队和舞蹈队，丰富了村民文化生活；十几年来，先后投资 1000 多万元建起了 3 栋教学楼，德国汉斯·赛德尔基金会先后给学校配备了先进的教学设施，引进巴伐利亚州双元制职业教育模式，村民享有比较全面的基础教育、职业教育和继续教育，并注重实际工作能力的培养，培养了 60 多名德才兼优专业人才回村服务，增

强了村庄发展后劲。

⑤通过推行村民自治极大地调动了村民的参政热情。在土地整理和村庄革新的过程中，要求村民参与，凡是涉及农户利益的农业结构调整、宅基地变动，都要召开大会，只要一户不同意，就不能强行实施。在项目开展的30多年里，南张楼村的村民逐渐养成了参与村庄事务的热情，村民自治凝聚了全体村民的智慧，促进了村务科学决策和全面发展。

（3）经验与启示

山东省潍坊市青州市何官镇南张楼村全域土地综合整治项目作为综合类土地整治项目，经验借鉴及启示包括以下四点：

第一，多要素多维度全面推进整治。以南张楼村为例，村"两委"班子除了带领大家发展壮大村集体经济、改善生产生活条件外，还在村党组织建设、人才培养特别是农民职业培训等方面狠下功夫，同时还建设了村庄艺术中心、民俗博物馆，保护好民族传统文化，注重加强村民思想道德建设和提高环保意识等。

第二，通过规划的合理布局，对"田水路林村"综合治理，改善农村生产生活条件，为农村基础设施建设和产业发展提供保障，提升乡村吸引力，让更多的人走进乡村、留在乡村、振兴乡村。南张楼村土地整理和村庄革新项目实施，在德国技术专家的指导和帮助下完成村庄规划编制，将全村划分成农业生产区、工业生产区、居住区、文教区四大功能分区，并实行一张蓝图干到底。

第三，保护好传统民居、传统村落和乡村特色风貌。传统并不代表落后，它体现了我国古人的智慧。乡村振兴就是为了让乡村恢复生机，迸发活力。南张楼村在编制规划时，借鉴巴州经验对传统民居建筑保留，不大拆大建，避免了重复建设造成资源浪费，建设了村庄博物馆，风箱、辘轳、石磨等一些老物件都被很好地保留了下来。加强乡村建筑、乡村景观的治理和再造，留住乡愁，传承优秀乡村文化及传统文化，唤醒乡村复兴的意识，提升农村发展活力。

第四，必须坚持以人为本。乡村振兴就是为了让老百姓生活更方便、更美好，必须处处为老百姓着想，充分尊重农民意愿，维护农民群众根本利益，不断提升农民的获得感、幸福感、安全感。

2. 浙江省杭州市临平区乔司街道全域土地综合整治与生态修复工程

（1）项目概况

浙江省杭州市临平区乔司街道全域整治区域，是临平区南融主城的主板块，也是连接临平核心区域与杭州中心城区枢纽的要地。在整治前，由于历史沉积原因，这一片区存在着城乡功能混杂、产居混合、人居环境杂乱、"三生"空间无序等诸多问题。乔司街道全域土地综合整治项目总面积 199.52 公顷（2992.78 亩），其中现状耕地区域 84.22 公顷（1263.30 亩）、耕地功能恢复区域 21.92 公顷（328.8 亩）、垦造耕地区域 4.70 公顷（70.43 亩）、建设用地复垦区域 56.65 公顷（849.78 亩）。

通过整治修复，原本碎片化的空间被连接成片，低效荒芜的用地被充分利用，"非粮化"的耕地成为粮田，一幅"产城融合、生态共富"的图景，在这里落地成为现实（图 5-18）。2022 年，全域土地综合整治完成耕地功能恢复 1000 亩、建设用地复垦 1100 亩，形成近 5000 亩集中连片都市田园，土地复耕和生态修复的 465 亩良田也完成了第一次播种和收割。2023 年完成朝阳葛家区块、方桥区块、永西区块生态保护修复工程。

图 5-18 "田立方·临平未来农场"项目效果图

(2)主要做法与运作模式

①科技赋能,高标准治理和保护农业空间。为践行高标准系统治理和高质量保护耕地理念,乔司街道全域土地综合整治与生态修复工程引入了土壤改良、生态排水、自动灌排、虫情监测等新设备、新手段提高亩产、均衡增产,以科技创新破解土地整治难题。项目将碎片化农田和零散建设用地集聚起来,实现耕地成片保护以及规模化、高效率用地。同时,整治修复过程会优化土壤、河网水质等要素,改善整体的生态环境,提升城市风貌(图5-19)。

图5-19 浙江省杭州市临平区乔司街道方桥村稻田

②绿色生态、农事体验和田园风光相融合。项目谋划导入土地复垦、粮油生产、设施农业、农旅结合、农创孵化园等业态项目,加速各项基础设施配套建设,以机械化运作、标准化管理进一步优化区域内生产、生活、生态空间格局,打造农事体验和田园风光相融合的生态空间。2023年3月,"田立方·临平未来农场"项目签约,临平区携手省乡投集团围绕"农潮""农耕""农学""农技""农创"五大主题,建设现代农业休闲区、未来农业探索区、农耕文化展示区,探索"全域土地综合整治+农文旅"模式,满足都市人群对田园牧歌诗意的向往。未来农场接待中心已竣工,农事服务中心等已完成基础结构,雾耕农业、循环农业基地预计于2024年年底竣工。

③充分利用城市发展红利,建设宜居宜业新城区。项目利用靠近主城区的区位优势和便捷交通网络的交通优势,承接杭州主城区产业要素溢出,推动高质量企业与高层次创新人才集聚,而综合整治为产业的发展腾出了更多

空间。区域内1.66平方千米的前湾数智城作为启动先行区，以高标准、高定位建设杭州城东新中心。以高品质的安置房建设支撑全域土地综合整治的推进，安置房规划建设面积82.1万平方米，共有住宅4021套，充分满足征迁居民安居需求。项目还通过补足公共空间、下沉配套资源、强化公共服务运营等举措，实现农耕体验、邻里互动、老幼融合、第二课堂、健身休闲等多场景融合，提升居民生活品质，增强居民生活的幸福感。

（3）经验与启示

浙江省杭州市临平区乔司街道全域土地综合整治与生态修复工程作为综合类土地整治项目，其经验借鉴及启示包括以下三点：

第一，利用科技手段治理建设农业空间。运用自动灌排、虫情监测等新设备、新手段促进农业生产，通过整治实现耕地成片保护。

第二，探索"全域土地综合整治+农文旅"模式，释放生态价值。以机械化运作、标准化管理进一步优化区域内生产和生态空间格局，打造农事体验和田园风光相融合的生态空间，实现农业与生态的融合发展。

第三，借力城市发展的区位优势，优化生活生产空间。以推进乔司街道全域土地综合整治与生态修复为契机和重要抓手，为后续开展项目建设、招商引资、产业运营打下重要基础，助推城市高质量发展。

附 录

名词解释

[1] 土地整治：为满足人类生产、生活和生态功能需要，依据国土空间总体规划及相关规划，对未利用、低效和闲置利用、损毁和退化土地进行综合治理的活动；是土地开发、土地整理、土地复垦、土地修复的统称。

[2] 农用地：直接用于农业生产的土地，包括耕地、林地、草地、农田水利用地、养殖水面等。

[3] 建设用地：建造建筑物、构筑物的土地，包括城乡住宅和公共设施用地、工矿用地、交通水利设施用地、旅游用地、军事设施用地等。

[4] 未利用地：农用地和建设用地以外的土地。

[5] 耕地：指种植农作物的土地，包括熟地，新开发、复垦、整理地，休闲地（含轮歇地、轮作地）；以种植粮食农作物（含蔬菜）为主，间有零星果树，桑树或其他树木的土地；平均每年能保证收获一季的已垦滩地和海涂。耕地中包括南方宽度小于1.0米、北方宽度小于2.0米固定的沟、渠、路和地坎（埂）；二级分类为水田、水浇地、旱地。

[6] 永久基本农田：指按照一定时期人口和社会经济发展对农产品的需求，依据国土空间规划确定的不得占用且实行特殊保护的耕地。

[7] 国有土地：也称全民所有的土地，是指法律规定所有权属于全民即国家所有的土地。主要包括城市市区的土地，以及农村和城市郊区中已经依法没收、征收、征购为国有的土地。

[8] 集体土地：所有权属于农民集体所有的土地。农村和城市郊区的土地，除法律规定属于国家所有或已依法征收的外，均属于农民集体所有；

农民使用的宅基地、自留地、自留山等都属于农民集体所有。

[9] 土地综合整治：为满足人类生产、生活和生态功能需要，依据国土空间规划及相关规划，在一定区域范围内，通过综合运用相关政策，采取先进工程技术，调整土地利用结构，优化土地空间布局，保障土地可持续利用，实现粮食安全、现代农业、精准扶贫、生态修复等综合效应的治理活动，具有内容丰富、模式多样、目标多元、手段综合等特点，是推进乡村振兴和城市更新、实现城乡融合发展的重要平台。

[10] 农用地整理：以农用地为对象，通过实施土地平整、灌溉与排水、田间道路，农田防护与生态环境保持等工程，提高土地质量，增加有效耕地面积，改善农业生产条件和生态环境的活动。

[11] 建设用地整理：以提高土地节约集约利用水平为目的，采取一定措施，对利用率不高的村庄用地、城镇用地、独立工矿用地、交通和水利设施用地等建设用地进行整治的活动。

[12] 土地整治潜力：在一定的经济社会发展条件和科学技术水平等因素限制下，对未利用、低效和闲置利用、损毁和退化土地进行综合治理，由此可增加的有效耕地面积，其他农用地面积和节约的建设用地面积，以及土地利用效率和土地质量提高的程度。

[13] 建设用地规模：规划期内（如到2020年、2035年）建设用地（包括城乡建设用地、区域基础设施用地和其他建设用地）面积应控制的总量，是一段时期内可以开展建设的土地面积上限。

[14] 新增建设用地计划指标：惯用俗称为"用地指标"，是指国家对一个年度内可以新增建设用地（从农用地、未利用地转用途）数量的具体安排。在办理农用地和未利用地转为建设用地审批手续时，必须落实用地计划指标。

[15] 用地审批：主要包括土地利用类型和所有权性质改变两类事项，即农用地、未利用地转为建设用地和土地征收等审批事项。农用地、未利用地转为建设用地，是指为了建设需要，依据法定规划，将农用地、未利用地转为建设用地，是土地地类的变化；土地征收是指为了公共利益需要，

将农民集体所有的土地征收为国有土地，是土地权属的变化，且是不可逆转的，其法定审批权限在国务院、省政府两级。

[16] 储备土地：县级以上政府为调控土地市场、促进土地资源合理利用，依法取得土地，组织前期开发、储存以备供应的土地。在现实操作中，基本都是市、县政府收储。

[17] 土地供应：是指县级以上政府以土地所有者的身份将土地使用权通过出让、租赁、作价出资（入股）以及划拨等方式让与土地使用者的行为。其中出让可以采用协议方式或通过招标、拍卖、挂牌等竞争性方式。出让、租赁、划拨方式供应土地的主体一般是市、县政府，市场中"卖地"的主体基本都是市、县政府。

[18] 批而未供：是指经有权机关批准农用地转用、征收但尚未供应的土地。批而未供、供而未用、用而未尽土地称为"三未土地"。

[19] 闲置土地：国有建设用地使用权人超过国有建设用地使用权有偿使用合同或者划拨决定书约定、规定的动工开发日期满一年未动工开发的国有建设用地。

[20] 存量建设用地：狭义上是指现在城乡建设用地范围内的批而未供、闲置土地，以及利用不充分不合理、产出效率低的已建设用地。广义上是指城乡建设已占用或使用的全部土地。

[21] 新增建设用地：在国土空间规划（土地利用总体规划）确定的规划期内，将农用地和未利用地转为建设用地的土地数量。将农用地和未利用地转为建设用地，需依法办理农用地转用和未利用地转用审批手续。

[22] 土地成片开发：在国土空间规划确定的城镇开发边界内的集中建设区，经省政府批准，由县级以上地方政府组织的对一定范围的土地进行的综合性开发建设活动。

[23] "三旧"改造：是指对纳入省"三旧"改造地块数据库的"三旧"用地进行再开发、复垦修复或者综合整治的活动。

[24] 点状供地：是指为实施现代种养业、农产品加工流通业、乡村休闲旅游业、乡土特色产业、乡村信息产业及乡村新型服务业等乡村产业项目及

其配套的基础设施和公共服务设施建设，确需在城镇开发边界外使用零星、分散建设用地，依据现有地形地貌和资源条件，按照"建多少、转多少"的原则进行报批，根据规划用地性质和土地用途灵活供应。广东省规定单个项目建设用地总面积不超过 30 亩。

[25] 工业用地控制线：是指为保障地区工业用地总规模，在一定时期内以工业用途进行管控的区域。

[26] 拆旧复垦：农村建设用地使用权人自愿将闲置或废弃的农村房屋等地上建（构）筑物拆除，并对退出的农村建设用地采取整治措施，使其达到农用地利用状态的行为。通过拆旧复垦全省农村旧住宅、废弃宅基地、空心村等闲置建设用地，将复垦腾退出来的建设用地指标优先保障所在村建设需要后，节余部分以公开交易方式在省内流转用于城镇建设。

[27] 耕地占补平衡：指《中华人民共和国土地管理法》规定国家实行占用耕地补偿制度，非农建设经批准占用耕地的，按照"占多少，补多少"的原则，由占用耕地的单位负责开垦与所占用耕地的数量和质量相当的耕地。

[28] 垦造水田：通过土地整治工程，将水田以外的农用地、建设用地和未利用地开发变为水田的过程。

[29] 补充耕地：通过土地整治工程，将耕地以外的农用地、建设用地和未利用地开发变为耕地的过程。

[30] 水田指标：通过土地整治工程开发形成的水田，依规经报备纳入当地耕地储备指标库，可用于补充非农建设占用水田的指标。

[31] 交易水田指标：县级或市级政府在满足本地区水田占补平衡的前提下，将当地耕地储备指标库中富余的水田指标跨区域出售给水田指标不足地区的行为。

[32] 耕地保有量：指依据国土空间规划，由上一级政府分解并下达给下一级政府在一定时期内的辖区最低限额耕地保护任务，属国土空间规划重要约束性指标。

[33] 耕地恢复：指通过适当的农业种植结构调整、工程建设等措施，将"三调"中为即可恢复和工程恢复的园地、林地、草地、坑塘水面等地类，整治

恢复为现状耕地。

[34] 耕地开垦费：《中华人民共和国土地管理法》规定国家实行占用耕地补偿制度，非农建设经批准占用耕地，但没有条件开垦或者开垦的耕地不符合要求的，按照相关要求缴纳的用于开垦新的耕地的费用，具体缴纳标准由省级规定。

[35] "三区三线"："三区"是指城镇空间、农业空间、生态空间三种类型的国土空间；"三线"分别对应在城镇空间、农业空间、生态空间划定的城镇开发边界、永久基本农田保护红线、生态保护红线三条控制线。

[36] "三调"：第三次全国国土调查的简称，是每10年进行一次的全国土地调查，于2018年9月启动，以2019年12月31日为标准时点。"三调"工作历时3年，全面查清了我国陆地国土利用现状等情况，建立了覆盖国家、省、地、县四级的国土调查数据库，主要数据成果于2021年8月26日经国务院第三次全国国土调查领导小组办公室、自然资源部、国家统计局联合公布。

[37] 违法用地：违反《中华人民共和国土地管理法》《中华人民共和国土地管理法实施条例》的用地行为。主要包括违法批地和违法占地，其中违法批地分为违法批准占用、违法供地，违法占地分为未报即用、边报边用、未供即用。

[38] 增减挂钩：是指依据国土空间规划，将若干拟复垦为农用地的建设用地地块（即拆旧地块）和拟用于城乡建设的地块（即建新地块）共同组成拆旧建新项目区，通过土地复垦和调整利用，实现项目区内耕地面积有增加、质量有提高，建设用地总量不扩大、布局科学合理的土地整治措施。

[39] 承包地：是指农村集体经济组织成员有权依法承包由本集体经济组织发包的农村土地。

[40] 留用地：指国家征收农村集体土地后，按实际征收土地面积的一定比例，作为征地安置另行安排给被征地农村集体经济组织用于发展生产的建设用地。留用地的使用权及其收益全部归该农村集体经济组织所有。

[41] "三块地"改革：是指农村承包地、宅基地和集体经营性建设用地改革。

[42] "一户一宅"：农村村民一户只能拥有一处宅基地，其宅基地的面积不得超过省、自治区、直辖市规定的标准。农村村民出卖、出租、赠与住宅后，再申请宅基地的，不予批准。

[43] 农村集体经营性建设用地入市：农民集体以土地所有权人身份通过公开的土地市场，依法将农村集体经营性建设用地使用权以出让、出租等方式交由单位或者个人在一定期限内有偿使用的行为。

[44] 生态系统：是由生物群落及其生存环境共同组成的动态平衡系统。生物群落由存在于自然界一定范围或区域内并互相依存的一定种类的动物、植物、微生物组成。生物群落内不同生物种群的生存环境包括非生物环境和生物环境。

[45] 生物多样性：是生物（动物、植物、微生物）与环境形成的生态复合体以及与此相关的各种生态过程的总和，包括生态系统多样性、物种多样性和基因多样性三个层次。

[46] 生态廊道：根据《通过生态网络和生态廊道加强保护区连通指南》，生态廊道是为保持或恢复有效的生态连通性，长期治理和管理、明确界定的地理空间。

[47] 生态系统功能：生态系统整体在其内部和外部的联系中表现出的作用和能力。随着能量和物质等的不断交流，生态系统亦产生不断变化和动态的过程。

[48] 生态产品：是指维系生态安全、保障生态调节功能、提供良好人居环境的自然要素，包括清新的空气、清洁的水源和宜人的气候等。

[49] 生态修复：亦称生态恢复。是指协助退化、受损生态系统恢复的过程。生态修复方法包括自然恢复、辅助再生、生态重建等。生态修复目标可能是针对特定生态系统服务的恢复，也可能是针对一项或多项生态服务质量的改善。

[50] 山水林田湖草沙一体化保护和系统治理：通过统筹兼顾、整体施策、多措并举，推动生态环境治理现代化。打通地上和地下、岸上和水里、陆

地和海洋、城市和农村、一氧化碳和二氧化碳，对山水林田湖草沙进行统一保护、统一修复。

[51] 小流域治理：以小流域为单元，在全面规划的基础上，预防、治理和开发相结合，合理安排农、林、牧等各业用地，因地制宜地布设水土保持措施，实施水土保持工程措施、植物措施和耕作措施的最佳配置，实现从坡面到沟道、从上游到下游的全面防治，在流域内形成完整、有效的水土流失综合防护体系，既在总体上，又在单项措施上能最大限度地控制水土流失，达到保护、改良和合理利用流域内水土资源和其他自然资源，充分发挥水土保持生态效益、经济效益和社会效益的水土流失防治活动。

参考文件

[1]《自然资源部关于开展全域土地综合整治试点工作的通知》（自然资发〔2019〕194号）

[2] 自然资源部答复：关于推进全域土地综合整治高质量发展的提案（自然资协提复字〔2023〕079号）

[3]《自然资源部办公厅关于严守底线规范开展全域土地综合整治试点工作有关要求的通知》（自然资办发〔2023〕15号）

[4]《自然资源部关于做好城镇开发边界管理的通知（试行）》（自然资发〔2023〕193号）

[5]《中共中央 国务院关于做好2023年全面推进乡村振兴重点工作的意见》（2023年中央一号文件）

[6]《广东省自然资源厅 广东省农业农村厅 广东省林业局关于严格耕地用途管制有关问题的通知》（粤自然资函〔2022〕434号）

[7]《广东省农业农村厅关于印发〈广东省高标准农田建设规划（2021—2030年）〉的通知》（粤农农〔2022〕162号）

[8]《自然资源部 农业农村部 国家林业和草原局关于严格耕地用途管制有关问题的通知》（自然资发〔2021〕166号）

[9]《农业农村部关于推进高标准农田改造提升的指导意见》（农建发〔2022〕5号）

[10]《广东省人民政府印发关于进一步加强和改进耕地保护工作若干措施的通知》（粤府函〔2021〕130号）

[11]《自然资源部关于印发〈支持城市更新的规划与土地政策指引（2023版）〉的通知》（自然资办发〔2023〕47号）

[12]《自然资源部关于开展低效用地再开发试点工作的通知》（自然资发〔2023〕171号）

[13]《中共广东省委办公厅、广东省人民政府办公厅印发〈广东省乡村建设行动实施方案〉》

[14]《自然资源部办公厅印发〈深化农村集体经营性建设用地入市试点工作方案〉》（自然资办函〔2023〕364号）

[15]《广东省人民政府关于印发广东省土地要素市场化配置改革行动方案的通知》（粤府函〔2022〕301号）

[16]《广东省自然资源厅关于印发〈广东省乡村振兴用地政策指引〉的通知》（粤自然资函〔2022〕1144号）

[17]《自然资源部 国家发展改革委 农业农村部关于保障和规范农村一二三产业融合发展用地的通知》（自然资发〔2021〕16号）

[18]《国务院办公厅转发国家发展改革委、财政部〈关于规范实施政府和社会资本合作新机制的指导意见〉的通知》（国办函〔2023〕115号）

[19]《自然资源部关于探索利用市场化方式推进矿山生态修复的意见》（自然资规〔2019〕6号）

[20]《广东省人民政府办公厅关于鼓励和支持社会资本参与生态保护修复的实施意见》（粤府办〔2023〕16号）

[21]《广东省自然资源厅 广东省发展和改革委员会关于印发〈广东省重要生态系统保护和修复重大工程总体规划（2021—2035年）〉的通知》（粤自然资发〔2022〕9号）

[22]《广东省自然资源厅关于印发〈广东省国土空间生态修复规划（2021—2035年）〉的通知》（粤自然资发〔2023〕2号）

[23]《广州市从化区人民政府关于印发〈广州市从化区关于促进农村集体经济留用地高效开发利用的意见〉的通知》（从府规〔2022〕6号）

[24]《佛山市南海区人民政府办公室关于开展"三券"推动全域土地综合整治的指导意见》（南府办〔2022〕18号）

[25]《中共潮州市委办公室 潮州市人民政府办公室关于印发〈潮州市宅基地和农村建房审批建设规范管理试点实施方案（2023—2025年）〉的通知》（潮办通〔2023〕124号）

[26]《中共梅州市委 梅州市人民政府关于印发〈梅州市推进全域土地综合整治实施意见〉的通知》（梅市明电〔2023〕127号）

[27]《关于印发加快海洋渔业转型升级促进现代化海洋牧场高质量发展若干措施的通知》

[28]《中国农业银行广东省分行服务海洋牧场发展十条措施》

[29]《广东省自然资源厅　广东省林业局关于转发〈红树林造林合格面积认定及成果应用规则（试行）〉暨开展省级红树林造林奖励新增建设用地计划指标工作的通知》

[30]《广东省自然资源厅关于印发海岸线占补实施办法（试行）的通知》（粤自然资规字〔2021〕4号）

[31]《广东省自然资源厅关于印发〈海岸线占补指标交易办法（试行）〉的通知》

[32]《自然资源部关于做好采矿用地保障的通知》（自然资发〔2022〕202号）

[33]《广东省国土资源厅关于设立复垦指标交易最低保护价的通知》（粤国土资规划发〔2018〕76号）

[34]《广东省自然资源厅关于明确拆旧复垦项目中指标交易范围的通知》

[35]《广东省自然资源厅　广东省农垦总局关于国有农场开展拆旧复垦工作的通知》（粤自然资发〔2021〕12号）

[36]《中共广东省委关于深入推进绿美广东生态建设的决定》（2022年12月8日中国共产党广东省第十三届委员会第二次全体会议通过）

[37]《广东省自然资源厅关于推进国土空间规划编制实施，助力"百县千镇万村高质量发展工程"的通知》（粤自然资规划〔2023〕2202号）

后 记

2003年，浙江省"千万工程"拉开序幕，并在后续20多年的实践中不断升级拓展、更迭生长。习近平总书记多次对总结推广浙江省"千万工程"作出重要指示批示，强调要深入总结提炼，推广好经验好做法，各地区和有关部门要坚持新发展理念，因地制宜、分类施策，加快城乡融合发展步伐，继续积极推动美丽中国建设，全面推进乡村振兴，为实现中国式现代化奠定坚实基础。

2023年6月14日，广东省委书记专题会议要求，要深入推进全域土地综合整治，有效统筹生产生活生态空间、城市和乡村地区、发达和欠发达区域，进一步优化国土空间格局，激发县镇村发展活力，为推动实施"百县千镇万村高质量发展工程"、促进城乡区域协调发展提供有力支撑。2023年11月6日，省委主要领导在全省"百千万工程"现场会上强调，要乘势而上、苦干实干，推动高质量发展不断走深走实，奋力开创城乡区域协调发展新局面，明确要全面推进全域土地综合整治，进一步完善制度设计、优化政策供给，加强推进试点建设，更好支撑产业发展和城乡建设。

为了全面贯彻党的二十大精神，深入贯彻习近平总书记对广东系列重要讲话和重要指示精神，完整、准确、全面贯彻新发展理念，紧紧围绕省委"1310"具体部署，广东省自然资源厅深入开展全域土地综合整治，通过系列政策引导与实施行动开展，促进城乡土地资源有序有效流动和高效集约配置，激发县镇村发展活力，形成良田连片、村庄集中、产业集聚、生态优美的土地保护利用新格局，为破解百千万工程中"地从哪里来、钱从哪里筹、人往哪里聚"的关键性问题提供路径，为催生新质生产力提供了现实支撑，为建设美丽中国、加快人与自然和谐共生的中国式现代化建设提供广东样板、贡献广东力量。

　　本书的编写工作得到了华南理工大学、广东工业大学、广东省城乡规划设计研究院科技集团股份有限公司、广州市城市规划勘测设计研究院有限公司、广东国地规划科技股份有限公司、广州国测规划信息技术有限公司、华东勘测设计研究院有限公司、广东省国土空间生态修复协会大力支持，明立波、杨箐丛、刘娜、朱振宇、陈群弟、何嘉俊、胡紫红、黄淼军、李光成、李莉萍、廖开怀、林亦芊、李昕、李雪峰、刘莉玲、牛丞禹、唐联鹏、吴蓉、张郁、赵家敏、周常红、周可斌等同志做了卓有成效的工作，专此感谢。希望本书能帮助各地更好地了解全域土地综合整治的意义、任务、行动、保障等相关内容，为工作实践提供一定的指引和参考。因为编写时间紧迫，难免仍有疏漏，欢迎同行专家与读者交流、学习、批评和指正。

编委会